KB273314

기도 PRAYER

A. W. 토저 인사이트 INSIGHT 시리즈

시대를 일깨웠던 토저. 언제나 명료하고 도전적이었던 그의 설교는 오늘을 사는 우리에게도 전혀 어색하지 않을 만큼, 시대를 뛰어넘는 명설교였다. Moody Publishers에서는 토저의 명설교 중에서도 주옥같은 글들을 주제별로 모아 'INSIGHT'(통찰력) 시리즈로 출간했는데, 규장에서 이 시리즈를 한국 독자에게 번역, 소개한다. 하나님은 토저의 통찰력을 통해 우리에게 많은 것들을 가르치시며, 우리의 영혼에 빛을 비춰주셨다. 그러나 아무리 좋은 설교라도 그것이 우리의 삶에 적용되어 열매를 맺을 때에야 진정한 가치를 발하는 법이다. 이 시리즈를 통해 토저에게 배우고 자신을 점검하며 하나님께 한 걸음 더 가까이 나아가게 되기를 기대한다.

기도
■ PRAYER ■

A. W. 토저 지음 I W. L. 시버 편집

규장

추천의 글

교회는 하나님의 얼굴을 구하며 하나님의 나라 안에서 기도하는 장소로 다시 부름 받아야 할 필요성이 절실하다. 그런 도전을 던지기에 A. W. 토저보다 더 적합한 사람은 없을 것이다. 그리고 나는 이 책의 편집자인 시버 박사만큼 토저를 좋아하고, 오늘날 토저가 말하려는 바를 잘 전달해줄 수 있는 사람을 알지 못한다. 신중하게 기도하며 이 책을 읽을 것을 진심으로 권한다. 그렇게 할 때 당신은 개인적인 영적 부흥을 경험할 것이며, 다른 사람들도 같은 경험을 하기 바라는 강한 열망이 생길 것이다.

게리 허치슨(Gary Hutchison) 그레이스 커뮤니티 교회 담임목사

기도에 관한 이 책을 추천하는 것은 매우 기쁘고 즐거운 일이다. 토저의 저명한 글들에서 발췌한 내용들로 구성된 이 책에서, 빌 시버 박사는 묵상과 기도를 위한 분명한 지침들이 담긴 훌륭한 도구를 제공해준다. 두 번 읽을 만큼 가치가 있는 책을 만나기가 쉽

지 않지만, 이 책은 알아가고 싶은 좋은 친구처럼 내 책꽂이에 꽂
혀 있다.

A. W. 토저는 강한 기도의 사람이었다. 시버 박사는 우리가 이 역
동적인 기도의 계시, 죄를 깨닫게 하는 강력한 생명력을 깊이 이해
하도록 이끈다. 이러한 기도는 우리 하나님 아버지와의 달콤한 교
제와 서로에 대한 희생적인 섬김을 잘 엮어 이음새 없는 태피스트
리를 만든다.

나의 아름다운 아내, 바바라,

그리고 이 책의 시작부터 완성까지

진정한 기도 파트너가 되어주었던

나의 가족과 친구들에게,

그리고

거룩한 능력을 주신

내 하나님께.

PRAYER

Contents

우리를 기다리고 있는 여정

두렵고 떨리는 마음으로, 나는 기도에 관한 토저의 글들을 편집하는 이 임무에 다가갔다. 나는 피하고 싶었지만, 성령님은 나 자신과 다른 사람들을 위해 계속해서 나를 이 풍성한 주제로 다시 이끄셨다. 30여 년 전 신학교에서 기도에 관한 첫 강의를 들었는데, 그때 가장 좋았던 것은 앤드류 머레이, E. M. 바운즈, 오 할레스비, D. L. 무디, 워치만 니, 레오나르드 레이븐힐 등이 쓴 기도에 관한 책들을 다독할 기회를 가진 것이었다.

그 후 몇 년 동안 내 기도 생활은 성공할 때도 있었고 실패할 때도 있었다. 하지만 기도와 하나님 말씀이 삶의 우선순위(행 6:4)가 되어야 한다는 것은 알게 되었다. 그것은 오늘날의 성도들에게도 적용된다.

기도에 관한 이 글 속에서 기도 방법에 관한 설명서나 아브라함부터 다윗, 다니엘, 소선지자들, 또 예루살렘 밖의 스데반에서부터 로마의 바울까지, 성경에 나오는 성인들의 유명한 기도에 관한 해설을 발견하지는 못할 것이다. 이런 내용은 토저의 《보혜사》(The Counselor)라는 책에서 찾아볼 수 있다.

복음서에 기록된 기도 시간에 오직 예수님만 깨어 계셨던 것을 기억하는가? 다른 이들은 기도하려 할 때 예수께 와서 이렇게 말했다.

"우리에게 기도를 가르쳐주옵소서"(눅 11:1참조).

어떤 교회들은 기도하는 방법에 관한 강의를 한다고 광고한다. 얼마나 터무니없는 이야기인가! 그것은 마치 사랑에 빠지는 법에 관한 강의를 하는 것과 같다.

예수께 기도를 가르쳐주시길 구한 제자들은 기도하는 사람들이었다. 당신은 사도행전에서 기도 모임을 하고 있는 그들을 발견할 수 있다. 그러나 그 전까지 그들은 기도 시간에 잠들었을 것이다. 차이는 바로 '성령'에 있다.

성령이 오시면 하나님의 일들을 우리의 마음이 이해할 수 있는 언어로 번역해주신다. 우리가 하나님의 뜻을 알지 못하더라도 성령은 아시며, 말할 수 없는 탄식으로 기도하신다(롬 8:26). 이제 그들은 기도 속에서 큰 기쁨을 얻는다.

한편 토저는 신자들이 일상에서 하나님과 어떤 관계를 맺는지, 그리고 그것이 어떻게 효과적인 기도를 낳는지에 대해 다룬다. 예를 들어, 그리스도인이 매일 하나님과 동행하는 것과 효과적인 기도에 관한 생각들은, 롯이 살고 있던 소돔과 고모라를 위한 아브라함의 기도에 대한 연구에서 나온 것이다.

"그 사람들이 거기서 떠나 소돔으로 향하여 가고 아브라함은 여호와 앞에 그대로 섰더니 아브라함이 가까이 나아가 이르되 주께서 의인을 악인과 함께 멸하려 하시나이까"(창 18:22,33).

나는 이 본문을 수없이 공부했는데, 여기엔 기도의 원리들이 풍부하게 담겨 있다. 훗날 아브라함은 창세기 18장의 이 사건들 덕분에 '하나님의 친구'로 불리게 된다(사 41:8; 약 2:23). 참된 친구는 새로운 정보나 문제들을 서로에게 숨기지 않는다. 하나님은 소돔과 고모라를 어떻게 하실지에 대해 아브라함에게 숨기지 않으셨다(창 18:17 참조). 하나님이 진실을 숨기지 않으셨기에 아브라함은 하나님 앞에서 오래 머물며 담대함과 인내심을 가지고 겸손한 태도로 기도했다. 그는 하나님이 자비롭고 공정하시다는 것을 알았다.

그의 첫 번째 간구는 만일 그 도시 안에 의인 50명이 있다면 소돔과 고모라를 멸하지 말아달라는 것이었고, 다섯 번의 간구 후에 드린 마지막 간구는 10명의 의인이 있으면 그 도시를 살려달라는 것이었다. 여기서 흥미로운 점은 처음 간구할 때 50명이었던 의인의 수가 10명으로 80퍼센트나 줄었다는 사실이다. 아브라함의 기도 생활을 보여주는 이 짧은 묘사는 아브라함처럼 하나님 앞에 오래 머무는 사람들을 기다리고 있는 영적 여정을 드러낸다.

우리의 삶에는 하나님이 우리의 기도를 수정하시고, 우리가 더욱더 그분의 아들을 닮게 만드시며 그분의 거룩하심과 자비와 사랑과 영광이 크게 드러나도록 우리가 기도했던 문제를 종결시키시는 영적인 여정이 우리를 기다리고 있다. 만일 우리의 일상생활이 분주하고 무의미한 일들로 가득하며, 진심으로 기도하려는 절박함이 없다면 우리는 그리스도의 형상을 닮아가고 하나님을 좀더 친밀하게 알아가는 아름다운 여정을 놓치고 있는 것이다.

이것이 토저가 그의 책 속에서 다루고 있고 우리가 붙잡으려고 노력해온 그 여정이다. 그 여정은 우리의 선택에서 시작된다! 당신이 이 여정 속에서 교훈을 잘 배우고 하나님이 어떤 분이신지를 훨씬 더 많이 이해하게 되기를 기도한다.

마지막으로, 이 책의 구성에 대해 소개하고자 한다. 앞부분에 실린 22편의 글은 기도의 면면을 다룬 16권의 책으로부터 발췌한 토저의 글들에 초점을 두고 있다. 그다음 3편의 글에는 기도와 관련 주제들을 다루는 설교에서 가져온 짧은 글들을 실었다. 마지막 3편은 기도에 관한 토저의 주요 설교 2편에서 발췌한 것이다. 또한 각 장은 우리가 그 주제에 대해 깊이 생각할 수 있도록 '깊이 생각하고 적용하기'라는 응답 부분으로 마무리한다. 여기에는 질문과 행동 단계들이 포함된다. 뿐만 아니라 1장부터 25장까지에는 '토저와 함께 탐색하기'라는 코너가 있는데, 여기서는 특정한 주제-기도-에 관한 토저의 생각들을 자세히 다룬다. 좀 더 긴 토저의 마지막 기도 설교에서는 '토저와 함께 탐색하기' 부분을 생략했다.

이 책은 개인적인 묵상을 위해, 또는 소그룹 토론이나 정기적으로 열리는 기도회에서 사용할 수 있다. 이 책을 통해 기도에 관해 경건의 시간을 갖고자 한다면, 앞부분에 실린 22편의 글과 3편의 짧은 글, 그리고 토저의 주일 설교에서 발췌한 3편의 인용문들이 28일 동안 당신을 인도해줄 수 있다. 나는 독자들이 이 책을 통해

한 달 동안 기도에 관해 묵상하고자 한다면, 전체 내용 중에서 가장 큰 깨달음을 준 두 편을 다시 읽을 것을 권한다. 그러나 자신의 상황에 풍성한 적용을 주는 글이라면, 한 편을 읽는 데 이틀이 걸릴 가능성도 있다. 어떤 방법으로 읽어나가든, 앞으로 하나님께서 당신의 마음이 좀 더 효율적이고 명확하게 기도하는 쪽으로 기울게 해주시기를 바란다!

W. L. 시버

*일러두기: 이 책의 각 장은 토저의 각기 다른 책들에서 발췌한 것으로, 각 장 끝부분에 발췌한 곳을 원서 기준으로 표기해두었다.

PART 1

기도를
배우라

LEARN HOW TO PRAY

LEARN HOW TO PRAY

CHAPTER 01

온 삶으로 기도하라

가장 좋은 기도는 그 사람의 삶 전체로 드리는 것이다. 물론 기도하는 사람이 모범적인 그리스도인의 삶을 살아오지 않았더라도 기도가 응답되는 사례들이 있었고, 앞으로도 있을 것이다. 그러나 이 글을 읽는 독자들 대부분은 어쩌다 응답되는 기도에 만족하지 않을 거라 생각한다. 그들은 몸과 마음이 나아지고 정결하게 되며 온 인격을 하나의 영적 개체 안에 통합시키는, 좀 더 만족스러운 기도 생활에 대해 알기 원한다. 그러한 기도는 오직 성령 안에서 사는 삶의 결과로 주어진다.

다른 조건이 모두 동일하다면, 기도의 능력은 삶과 비례하기 마련이다. 우리의 기도는 오직 우리의 삶만큼 강력해진다. 우리는 잘 사는 만큼 잘 기도할 수 있다. 어떤 기도는 화재 대피용

비상계단 같아서 중요한 응급 상황에서만 사용된다. 겁에 질려 재난을 피해 달아나는 용도로 사용되는 이런 기도는 기도하는 사람의 평상시 삶을 나타내는 것이라기보다 영적 아마추어에게서 보이는 이례적이고 흔치 않은 행위라고 할 수 있다.

윌리엄 로(William Law)는 그리스도인들에게 기도와 일치하는 삶을 살라고 호소한다. 우리가 기도하는 바에 가까운 삶을 살도록 도와주시길 하나님께 간구하는 내용의 찬송가도 있다. 많은 사람들은 압박감을 느낄 때 그동안 기도가 부자연스럽지 않은 삶을 살아왔기를 바라며, 기도가 숨 쉬는 것처럼 쉽고 자연스럽게 나오는 경지까지 기도 습관을 길러오지 않은 것을 후회한다.

갑작스러운 위기 상황에서 하는 기도가 잘못된 것은 아니다. 시편 기자도 하나님은 '환난 중에 만날 큰 도움'이시라고 했다(시 46:1). 그러나 성장한 그리스도인이라면 모든 삶을 응급 상황처럼 살고 싶어 하지는 않는다. 우리가 하나님 안에 거할 때 우리의 모든 생각과 행위는 기도가 되고, 온 삶이 찬양과 예배의 거룩한 제사가 되며, 끊임없이 하나님과 교제하는 삶의 탁월함을 알게 될 것이다.

효과적으로 기도하려면 우리의 삶에 축복받지 못한 영역들이 없어야 하고, 마음과 영혼에 성령이 거하시지 않는 부분이 없어야 하며, 순수하지 못한 욕망들이 우리 안에 살게 해서는 안 되고, 우리의 기도와 행동에 차이가 없어야 한다.

이 모든 것이 해 아래 사는 인간들이 도달하기에는 너무 높은 기준으로 보일지 모른다. 그러나 그렇지 않다. 그리스도의 주장대로 그분이 정말 구세주시라면 죄의 속박으로부터 그분의 백성을 구원해주실 수 있어야 마땅하다. 이것은 인간이 만든 '죄 없는 완전함'의 교리를 지지하는 것이 아니다. '성령 안에서 행하고' 따라서 '육신의 정욕을 따르지 않는 것'이 가능하다는, 하나님의 영감을 받은 교리를 선언하는 것이다. 하나님이 그리스도의 십자가 안에서 그분의 백성이 죄의 멍에로부터 벗어나도록 준비해두셨다는 말이다.

"이와 같이 너희도 너희 자신을 죄에 대하여는 죽은 자요 그리스도 예수 안에서 하나님께 대하여는 살아 있는 자로 여길지어다"(롬 6:11).

그리스도 예수 안에 있는 구속은 우리가 순결함과 사랑 안에서 살 수 있게 해주는 충분한 도덕적 힘을 가지고 있으며, 그때 우리의 온 삶은 기도가 될 것이다. 이렇게 온전한 삶에서 흘러나오는 기도는 세상적인 그리스도인은 알지 못하는 경이로운 힘을 지닌다.

※ The Root of the Righteous, 1955; Chicago: Moody, 2015 재출간.

'기도와 삶'에 대한 토저의 화두는 단순하면서도 복잡한 진리다. 늘 하나님 아버지와 교제 가운데 살아감으로 모든 생각과 행위들이 기도가 된 신자에게 이 일은 단순하다. 그런 사람의 삶은 찬양과 예배의 거룩한 제사다. 다른 사람들이 생각하는 것처럼 그가 반드시 기도의 용사는 아닐 수 있다. 하지만 그는 매순간 하나님과 교제하고, 그의 의로운 행위뿐만 아니라 기도로 세상에 그리스도를 위한 선한 영향을 끼치며, 신자들과 불신자들 사이에서 그리스도의 향기를 남기길 갈망한다. 그는 하나님이 "항상 우리를 그리스도 안에서 이기게 하시고"(고후 2:14)라는 말씀을 이해한다.

반면 하나님 아버지와 지속적으로 교제하지 않고, 세상을 많이 따랐으며, 기도를 힘든 순간이나 중요한 응급 상황의 비상출구로만 여기는 신자에게는 복잡한 것이다. 이런 사람은 힘든 상황에서 해결책을 찾을 수 없을 때, 즉 다른 선택 사항이 없을 때만 하나님을 의지하는 경향이 있다. 이 신자에게 기도는 의무이자 무거운 부담이다. 그러나 모든 삶이 기도가 될 때 기도에 대한 부담이나 율법적 속박은 사라진다.

"하나님을 사랑하는 것은 이것이니 우리가 그의 계명들을 지키는 것이라 그의 계명들은 무거운 것이 아니로다"(요일 5:3).

모든 삶에 대한 이 진리를 더 복잡하게 만드는 또 다른 문제는 응답되지 않는 기도와 죄, 그리스도 안에서 자신의 행함 사이의 연관성을 찾아내지 못하는 데서 발생한다. 이런 사람에게 기도는 불가사의한 것이며 이해가 되지 않는 마구잡이식 과정처럼 보인다. 그러나 하나님은 응답되지 않는 기도들을 통해 이런 사람의 관심을 사로잡으려 하신다. 하나님은 그가 모든 일 속에서 성령의 능력으로 그분께 복종하고, 마귀를 대적하며, 하나님을 더 가까이하기를(그러면 하나님이 그를 가까이하실 것이다) 원하고 계심을 깨닫게 하려 하신다(약 4:7,8).

만일 그가 하나님의 구애에 응답한다면, 그의 주변 세상을 변화시키는 기도를 위한 비옥한 토양이 바로 거룩한 삶이라는 사실을 깨닫기 시작할 것이다. 반대로 하나님의 부드럽고 사랑스러운 설득에 응답하지 않는다면, 하나님 아버지께서는 그의 기도를 포함한 여러 가지 면에서 징계하여 그분의 거룩하심에 참여하게 하실 수밖에 없다(히 12:10). 그렇게 되면 그 여정은 더 힘들고 복잡해질 것이다.

1 우리는 그리스도 안에서 자신의 삶을 어떻게 평가하는가? 우리는 모든 일을 기도로 시작하는가? 달리 말하면, 우리의 기도는 응급 상황의 기도들로 가득한가, 아니면 온종일 기도로 가득한 삶을 살고 있는가? 먼저 하나님나라를 구하기 위해 우리의 우선순위들을 점검하는가? 스스로를 정직하게 평가하는 데 도움을 줄 이런 질문들에 답하려면 시간이 좀 걸릴 것이다. 어쩌면 한두 명의 영적 멘토로부터 조언을 구해야 할지도 모른다.

2 기도가 호흡처럼 자연스러워지려면 어떻게 기도 생활을 일구어가야 할까? 기도에 관한 책을 더 많이 읽어야 할까, 아니면 기도에 대해 더 많은 이야기를 나눠야 할까, 기도를 더 많이 해야 할까? 야고보서 4장 7,8절, 베드로전서 5장 6-10절, 열왕기하 22장 18-20절에서 도움을 얻으라.

3 최근에 긴급한 기도를 드린 적이 있는가? 있다면, 그 응답은 무엇이었으며 이후 당신의 기도 생활은 그로 인해 어떤 영향을 받았는가? 다른 길로 벗어나게 되었는가, 아니면 본래 상태로 돌아왔는가, 혹은 앞으로 나아가는 데 도움을 얻었는가? 가장 최근에 응답받은 긴급 기도에 대해 정리해보라.

4 당신의 삶에서 기도를 더 많이 했거나 기도 응답을 더 많이 받았던 때가 있었다면, 그때 그리스도 안에서 당신의 삶이 어떠했는지 생각해보라. 반면 다른 때보다 거룩한 신앙생활을 유지했음에도 불구하고 응답되는 기도는 더 적었던 때가 있었다면, 그 이유가 무엇이라고 생각하는지 정리해보라.

CHAPTER 02

성(聖)과 속(俗)의 심리학

그리스도인의 내적 평안을 방해하는 것 중 하나는 우리의 삶을 두 영역, 즉 거룩한 영역과 세속적인 영역으로 나누는 습관이다. 두 영역이 서로 분리되어 있으며 도덕적으로나 영적으로 양립할 수 없는 것이라고 생각하면 그 둘 사이를 왔다 갔다 할 수밖에 없게 된다. 그렇게 되면 우리는 통합된 삶 대신 분리된 삶을 살게 되고, 그 삶은 결국 무너지게 된다.

우리의 문제는 그리스도를 따르는 우리가 동시에 두 세계에 거주한다는 사실에서 비롯된다. 즉 영적인 세계와 자연적인 세계이다. 아담의 후손들인 우리는 이 땅에서 육체의 한계와 인간의 본성이 계승한 연약함과 병폐의 지배를 받으며 살아간다. 단지 인간들 사이에서 살아가기 위해 우리는 오랫동안 힘들게 일해야 하고, 이 세상의 것들에 많은 주의와 관심을 기울여야 한다. 이와 뚜렷한 대조를 이루는 것이 성령 안에서의 삶이다. 거기서 우리는 더 고차원적인 삶을 누리며, 하늘나라의 지위를 보유한 하나님의 자녀들로서 그리스도와 친밀한 교제를 즐긴다.

이 문제는 모든 삶을 두 부분으로 나누려 하며, 우리는 무의식적으로 우리의 행동을 두 종류로 나누어 인식하게 된다. 하나는 하나님을 기쁘게 해드린다는 확신과 만족감을 가지고 행해지는 행동들이다. 이는 거룩한 행위들을 말하는 것으로, 보통 기도나 성경 읽기, 찬송 부르기, 교회 참석, 그 외 믿음에서 비롯되는 행위들이 그렇게 간주된다. 이런 행동은 이 세상과 직접적인 관련을 갖지 않는다. 만일 믿음이 우리에게 다른 세상, 즉 '손으로 지은 것이 아니요 하늘에 있는 영원한 집'(고후 5:1)을 보여주지 않는다면 이런 행동은 사실 아무런 의미를 갖지 못한다.

이런 거룩한 행위들과 대조되는 것이 세속적인 행위들이다. 그것은 우리가 아담의 자손들과 함께하는 일상적인 삶의 활동들을 모두 포함한다. 먹고, 자고, 일하고, 또 다른 육체의 필요들을 보살피는 것, 이 땅에서 주어지는 따분하고 단조로운 의무를 수행하는 것들 말이다. 우리는 이런 일들을 종종 마지못해서 혹은 많은 걱정을 안고 행한다. 또한 시간과 힘을 낭비했다고 여기는 일들에 대해서는 하나님 앞에 회개하며, 그로 인해 불안하게 지내기도 한다. 이런 이들은 깊은 좌절감을 안고 일상의 일들을 바삐 수행하며, 수심에 잠겨 스스로에게 말한다.

"우리가 이 세속의 껍데기를 벗게 되면 더 좋은 날을 볼 것이고 더 이상 이 세상일들에 신경 쓰지 않게 될 거야."

이런 성(聖)과 속(俗)의 대립은 오래전부터 있어왔고, 대부분의 그리스도인들은 이 덫에 사로잡혀 있다. 그들은 두 세계의 요구들 사이에서 만족스러운 조정을 이끌어낼 수 없다. 그저 두 세계 사이에서 아슬아슬한 줄타기를 하며 어느 쪽에서도 평안을 얻지 못한다. 그러면서 그들의 힘은 점점 약해지고, 관점이 혼란스러워지며, 기쁨도 사라진다.

나는 이런 상황이 전혀 불필요하다고 본다. 우리가 이러지도 저러지도 못하는 딜레마에 빠져 있는 것이 사실이지만, 그 딜레마는 실제가 아니다. 그것은 오해가 만들어낸 것이다. 성과 속의 대립은 신약성경에 기반을 둔 이야기가 아니다. 우리가 기독교 신앙을 좀 더 온전히 이해한다면 거기서 빠져나올 수 있다.

우리의 완벽한 본보기이신 예수 그리스도는 이렇게 분리된 삶을 전혀 알지 못하셨다. 그분은 아버지 앞에서, 아기 때부터 십자가에서 돌아가실 때까지 이 땅에서 아무 중압감 없이 사셨다. 하나님은 예수님의 모든 삶의 제물을 받으셨고, 그분의 행동을 따로 구분짓지 않으셨다. "나는 항상 그가 기뻐하시는 일을 행하므로"(요 8:29)라는 말씀은 아버지와 관련해서 그분 자신의 삶을 짧게 요약해준다. 그분은 사람들 가운데서 행하실 때 늘

침착하고 평온하셨다. 그분이 견디신 압박감과 고통은 세상 죄를 지고 가는 이로써 느낄 수밖에 없는 것이었다. 즉 그것은 도덕적 불확실성이나 영적 불균형의 결과가 결코 아니었다.

"모든 것을 하나님의 영광을 위하여 하라"라는 사도 바울의 권면은 경건한 이상주의, 그 이상이다. 우리는 이를 거룩한 계시의 한 부분이자 진리의 말씀 그 자체로 받아들여야만 한다. 이 권면은 우리 삶의 모든 행위가 하나님의 영광에 기여하게 만들 수 있다는 가능성을 우리 앞에 열어 보인다. 행여 우리가 소심함으로 인해 이런 것들은 누락시킬까봐, 바울은 구체적으로 '먹는 것'과 '마시는 것'을 언급한다.

우리는 죽어서 소멸될 짐승들과 이 겸손한 특권을 공유하고 있다. 이 미천한 존재의 행동이 하나님의 영광을 위해 행해질 수 있다면, 그럴 수 없는 행동을 생각해내기가 어려워진다. 초창기 경건주의 저술가들의 작품에 두드러지게 나타나는 특징인 '육체에 대한 수도자 같은 증오'는 전혀 하나님의 말씀에 근거한 것이 아니다. 성경이 말하는 겸손은 내숭이나 잘못된 수치심이 아니다. 신약성경은 우리 주님이 성육신하셔서 진짜 인간의 몸을 입으신 것을 당연하게 받아들이며, 이 사실이 암시하는 순전한 의미들을 바꾸려 노력하지 않는다.

그분은 이곳에서 인간들과 함께 그 육체를 입고 사셨지만, 거룩하지 않은 행동을 하신 적이 한 번도 없다. 그분이 인간의 육신으로 존재하셨다는 사실은, 인간의 육체에 본질적으로 신성을 거스르는 무언가가 있다는 악한 개념을 영원히 일소해 버린다. 하나님은 우리의 육체를 창조하셨고, 우리가 그 책임의 소재를 명확히 하는 것을 불쾌하게 여기지 않으신다. 하나님은 그분의 손으로 만드신 작품을 부끄러워하지 않으신다.

그러나 만일 우리가 인간적인 힘들을 남용하거나 오용하거나 왜곡한다면 우리는 이를 부끄럽게 여겨야 한다. 죄 가운데서 자연과 어긋나게 행해지는 육체의 행위들은 결코 하나님을 영화롭게 할 수 없다.

인간의 의지로 도덕적인 악을 도입하는 자들은 하나님이 우리에게 주신 능력들이 아니라 왜곡되고 오용된 것을 갖게 되며, 그것은 창조주께 영광을 돌릴 수 없다.

그렇다면, 삶 속에서 '회개'와 '거듭남'이라는 쌍둥이 같은 두 기적을 경험한 그리스도인에 대해 생각해보자. 그는 기록된 말씀에 의해 하나님의 뜻을 이해하고 그 뜻대로 살고 있다. 그런 사람에게는 삶의 모든 행동이 기도나 세례나 성만찬과 같이 성스러운 것이라고, 또는 그렇게 될 수 있다고 말해주고 싶다. 이는 그의 모든 행동을 위로 들어 올려 살아 있는 그분의 나라에 들어가게 하며, 모든 삶을 성례전으로 만드는 것이다.

성례전이 내적인 은혜의 외적 표현이라면, 우리는 위의 명제를 주저 없이 받아들여야 한다. 그러면 우리의 모든 자아를 하나님께 성별하여 드리는 하나의 행위로, 또한 이어지는 모든 행동이 그 성별을 나타내도록 만들 수 있다.

우리는 더 이상 육신을 부끄러워할 필요가 없다. 예수님이 예루살렘에 들어가실 때 비천한 짐승을 타고서도 부끄러워하지 않으셨던 것처럼, 우리와 일생을 함께할 육체의 종을 부끄러워하지 않아도 되는 것이다. "주가 쓰시겠다"(마 21:3)라는 말이 우리의 육체에 적용될 것이다. 그리스도가 우리 안에 거하신다면, 주님이 타셨던 그 작은 짐승처럼 영광의 주님에 대해 듣게 될 것이며 수많은 사람들이 "가장 높은 곳에서 호산나"라고 외치게 만들 것이다.

이 진리를 아는 것만으로는 충분치 않다. 성과 속의 딜레마에서 오는 어려움을 피하려면 진리가 우리의 피 속에 흘러 우리의 생각 전체를 좌우할 수 있어야 한다. 우리는 실제로, 단호하게, 하나님의 영광을 위한 삶을 실천해야 한다.

우리가 이 진리를 묵상할 때, 우리의 기도 가운데 하나님과 이에 대해 이야기할 때, 이것을 생각하며 사람들 사이에서 행할 때 그 놀라운 의미에 대한 깨달음이 우리를 사로잡을 것이다. 고통스러웠던 옛 삶의 이중성은 평온한 삶의 통일성 앞에 굴복하게 될 것이다.

우리는 모두 하나님의 것이며, 하나님은 아무것도 거절하지 않고 모든 것을 받으셨다. 이 사실을 아는 것이 우리의 내적인 삶을 통합시키고, 우리의 모든 것을 성스럽게 할 것이다.

＊ The Pursuit of God, 1948; Chicago: Moody, 2015 재출간.

 ## 토저와 함께 탐색하기

이 글이 왜 기도에 관한 책에 포함되었는지 의아할 수도 있다. 기도에 관한 언급이 별로 없기 때문에 더 그럴 것이다. 그러나 토저는 '우리의 삶을 성스러운 것과 세속적인 것의 두 영역으로 나누는 흔한 습관'이 두 세계, 곧 영적인 세계와 자연 세계에 거하는 그리스도인의 내적 평안을 방해하는 큰 요인 중 하나임을 이 글의 처음부터 분명히 밝힌다. 이렇게 삶을 구분함으로써, 신자는 기도나 성경공부, 예배 등은 성스러운 행동으로 여기면서 일상의 행위들은 영적이지 않고 세상적인 것이라고 분류한다.

토저는 오늘날 대부분의 그리스도인들이 두 세계 사이에서 이 덫에 사로잡혀 있다고 말한다. 그 결과 "그들은 두 세계의 요구들 사이에서 만족스러운 조정을 이끌어낼 수 없다. 그저 두 세계 사이에서 아슬아슬한 줄타기를 하며 어느 쪽에서도 평안을 발견하지 못한다. 그러면서 점점 그들의 힘은 약해지고, 관점이 혼란스러워지며, 기쁨도 사라진다".

이러한 갈등과 충돌, 불안감, 딜레마는 그리스도인의 삶을 무력하게 하며, 기도하지 않는 삶으로 이끌 수 있다. 우리 삶의 모든 행위는 하나님께 영광을 돌리는 것이 되어야 하며, 예수 그리스도는 한 번도 거룩하지 않은 행동을 하신 적이 없다는 점에서 우리의 본보기가 되신다. 그분의 삶은 능력과 기도로 가득했다!

우리도 그분과 같이 되기를 바라지만, 그렇게 되려면 거룩하지 않은 행위는 없다는 사실을 매일 깨닫고 이를 실천해야 한다. 예를 들면 마당의 잔디를 깎는 일, 설거지, 창고 정리, 운동, 선반 정리, 보고서 작성, 그 외에 수백 가지 세속적인 행위들이 우리에게서 하나님과의 친밀한 교제와 기도를 빼앗는 것이 아니라 오히려 풍성하게 해주는 것이 되어야 한다.

우리의 생각을 침범해 들어오는 옛 장치들에서 분리될 때 이 일이 가능해진다. 그것은 우리의 중요성을 과장하고, 우리의 시간을 무의미한 것들로 채우며, 우리를 억압하여 하나님의 음성을 듣지 못하게 하고, 하나님이 모든 자녀들에게 원하시는 그분과의 달콤한 교제를 약화시키기 때문이다.

생각하고 적용하기

1 우리는 성과 속을 거룩한 관점, 즉 우리의 매일의 노동이 하나님이 받으실 만한 예배의 행위로서 행해질 수 있다는 관점에서 볼 수 있어야 한다. 성과 속의 심리학에서 온전히 벗어나기 위해서는 경건한 기도가 많이 필요할 것이다. 그리고 이를 위해서 첫째, 우리는 기도할 때나 일상의 생각 속에서 이 진리, 즉 우리가 하는 모든 일에서 실제적으로 단호하게 하나님의 영광을 위해 사는 것에 대해 묵상해야 한다. 이것을 하루 동안, 그 다음엔 일주일 동안, 마지막으로 한 달 동안 실행해보라. 둘째, 하나님이 거기서 벗어나게 해주실 때 당신의 기도 생활과 주변에서 일어나는 일들에 대한 인식의 변화를 주목해보라. 하나님은 당신이 주변 일들에 관심을 가지고 그에 대해 기도하게 하실 것이다.

2 토저는 예수님이 "인간들 사이에서 육신을 입고 사셨으며 거룩하지 않은 행동을 하신 적이 한 번도 없다"라고 말한다. 신자로서 우리는 성령의 성찰 아래서 자신에게 질문해야 한다. 혹 우리는 분리된 삶을 살고 있지 않은가? 기도하는 성스러운 행위와 삶의 세속적인 활동들을 분리하고 있지는 않은가? 만일 그렇다면 우리는 스트레스와 고통, 어려움 등이 가득한 이 상황에 대해 자발적인 기도로 나아가지 못할 것이다. 지난 48시간 동안 성스러운 것과 세속적인 것이 분리되어 있었는지 정직하게 점검해보라.

3 자기기만은 우리의 삶 속에 서서히 나타나는 성과 속의 분리와 그것이 우리의 기도 생활에 미치는 영향을 제대로 보지 못하게 방해한다. 하나님의 영광을 위해 사는 것에 대한 통찰을 얻으려 애쓰고 있다면 성숙한 신자를 찾아가 이 여정에 있는 당신을 격려해주길 구하라.

CHAPTER 03

묵은 악습에서 벗어나라

오랜 습관들은 쉽게 변하지 않는다. 앞 장에서 다루었던 '성과 속의 심리학'에서 온전히 벗어나려면 지적인 생각과 경건의 기도가 필요하다. 예를 들면, 평범한 그리스도인이 자신의 일상적인 노동들이 예수 그리스도에 의해 하나님이 받으실 만한 예배가 될 수 있다는 생각을 선뜻 받아들이기는 어려울 것이다. 오랫동안 지속되어 왔던 성과 속의 대립이 종종 그의 머릿속에 떠올라 마음의 평안을 방해할 것이기 때문이다. 또한 마귀는 차 안이나 책상 앞, 또는 밭에서 나타나 그리스도인들이 하루의 더 좋은 부분을 이 세상의 일들에 쓰고, 극히 일부분의 시간만 종교적인 임무에 할애하고 있다는 사실을 상기시킬 것이다. 우리가 각별히 주의하지 않으면 이것은 우리에게 혼란을 일으키고, 우리를 낙심하게 할 것이다.

우리는 오직 적극적인 믿음을 발휘함으로써만 이에 성공적으로 대처할 수 있다. 그것은 자신의 모든 행위를 하나님께 내어드리고, 그분이 그것들을 받으신다고 믿는 것이다. 그리고 우리가 하루의 모든 시간에 행하는 모든 일들이 이에 포함된다는 입장을 확고히 고수하며 계속 주장하라. 개인적인 기도 시간에 우리의 모든 행위가 하나님의 영광을 위한 것임을 계속 하나님께 말씀드리라. 그리고 생업에 힘쓸 때에도 생각 속의 기도로 그 시간들을 보충하라.

삶의 모든 일을 제사장의 사역으로 만드는 훌륭한 기술을 연마하자. 하나님이 우리의 단순한 행위들 속에 계심을 믿고, 거기서 그분을 발견하는 법을 배우자.

우리가 논의하고 있는 오류에는 '장소'에 적용되는 성과 속의 대립도 있다. 신약성경을 읽고 있는 우리마저 여전히 어떤 장소에 내재된 성스러움을 믿는다는 건 놀랄 만한 일이다. 이 오류는 너무나 넓게 퍼져 있어서 그것과 싸우려는 사람은 외로움을 느낄 지경이다. 그것은 종교적인 사람들의 생각을 물들이는 일종의 염료 역할을 해왔고, 이제는 눈까지 물들어버려 오류를 찾아내는 것조차 거의 불가능해졌다. 그와 반대되는 신약성경의 모든 가르침에도 불구하고, 그것은 수백 년 동안 말과 노래로 전해졌으며, 기독교 메시지의 일부로 받아들여져 왔다. 사실은 분명히 그렇지 않은데 말이다. 내가 아는 한에서는 오직 퀘이커 교도들만이 그 오류를 보는 통찰력과 그것을 드러낼 용기를 지니고 있는 듯하다.

이 문제에 대해 내가 알고 있는 사실은 이렇다. 400년 동안 이집트에 거주하며 어리석은 우상숭배에 둘러싸여 있던 이스라엘 백성은 모세의 손에 이끌려 이집트에서 나와 약속의 땅을 향해 가기 시작했다. 그들에게는 거룩함의 개념 자체가 사라지고 없었다. 이것을 바로잡기 위해, 하나님은 밑바닥에서부터 시작하셨다.

그분은 자신을 구름과 불 가운데 두셨고, 나중에 성막이 지어졌을 때는 지성소 안의 불같은 현상 속에 거하셨다. 하나님은 수많은 특징들로 이스라엘에게 거룩한 것과 속된 것의 차이점을 가르쳐주셨다. 그들에게는 거룩한 날, 거룩한 그릇, 거룩한 옷들이 있었고, 여러 종류의 씻음, 제사, 제물들이 있었다. 이런 장치들을 통해 이스라엘은 '하나님이 거룩하시다'라는 것을 배웠다. 하나님이 그들에게 가르쳐주신 것은 어떤 사물이나 장소의 거룩함이 아니라 바로 이것이었다. 여호와의 거룩하심은 그들이 반드시 배워야 할 교훈이었다.

그 후 그리스도께서 나타나시는 중요한 날이 왔다. 그분은 즉시 이렇게 말씀하셨다.

"옛 사람에게 말한 바 … 하였다는 것을 너희가 들었으나 나는 너희에게 이르노니"(마 5:21,22).

구약성경의 교육은 끝났다. 그리스도께서 십자가 위에서 돌아가실 때 성소의 휘장이 위에서부터 아래로 찢어졌다. 지성소의 문이 믿음으로 들어오는 모든 사람에게 열렸다. 그리스도의 말씀은 기억되었다.

"이 산에서도 말고 예루살렘에서도 말고 너희가 아버지께 예배할 때가 이르리라 … 아버지께 참되게 예배하는 자들은 영과 진리로 예배할 때가 오나니 곧 이때라 아버지께서는 자기에게 이렇게 예배하는 자들을 찾으시느니라 하나님은 영이시니 예배하는 자가 영과 진리로 예배할지니라"(요 4:21,23,24).

얼마 후 바울이 자유를 외치기 시작했다. 그는 모든 고기는 깨끗하며, 모든 날은 거룩하고, 모든 장소는 신성하며, 모든 행동은 하나님이 받으실 만한 것이라고 선언했다. 시간과 장소의 신성함, 인류의 교육에 반드시 필요하다고 여겼던 흐릿한 빛이 영적 예배의 충분한 햇빛 앞에서 모습을 감추었다.

그런데 교회가 가지고 있던 이런 예배의 영성이 세월이 지나면서 서서히 사라져갔다. 그리고 타락한 인간들의 마음에 있던 자연적인 율법주의가 예전에 구별했던 것들을 재도입하기 시작했다. 교회는 날과 절기와 시간들을 다시 지키게 되었다. 특정한 장소들이 특별히 거룩한 곳으로 표시되었고, 특정한 날이나 장소, 사람에 차이가 생겼다. 처음에 두 가지였던 성례는 서너 가지로 늘어나더니 로마 가톨릭이 승리하면서 일곱 가지로 정해졌다.

비록 오해를 받더라도 나는 정말 불쌍히 여기는 마음으로, 오늘날 가톨릭교회가 논리적 결론에 도달한 성(sacred)-속(secular)의 이단을 나타내고 있다는 점을 지적하겠다. 그것의 가장 치명적인 결과는 종교와 삶의 완전한 분리다. 이를 가르치는 자들은 많은 각주와 무수한 설명들로 이 덫을 피하려 하지만, 논리를 찾는 마음의 본능은 너무나 강하다. 실제 삶에서 그 분리는 사실이다.

종교개혁가들과 청교도들, 신비주의자들은 우리를 이 속박으로부터 자유롭게 해주려고 노력해왔다. 그런데 오늘날의 보수적인 그룹들은 그 속박으로 다시 돌아가려고 한다. 불타는 건물에서 데리고 나온 말은 가끔 이상한 고집을 부린다고 한다. 자기를 구해준 사람에게서 도망쳐 불타는 건물 안으로 다시 뛰어 들어가 불에 타 죽고 만다는 것이다. 잘못된 것을 향한 그런 완고한 성향 때문에 이 시대의 근본주의는 다시 영적인 노예 상태로 돌아가려 하고 있다. 날과 때를 지키는 것이 우리 사이에서 점점 더 중요해지고 있다. '사순절'과 '고난주간'과 '성금요일'은 복음주의적 그리스도인들의 입에서 점점 더 자주 들려오는 단어들이다. 우리는 언제나 부요해질 수 있을까.

오해를 받지 않기 위해 나는 그동안 찬성해온 교훈, 즉 일상 생활의 성스러움이 실제로 의미하는 바가 무엇인지를 명확히 설명하려 한다. 이를 위해 그것의 명확한 의미와 대조해서 그것이 의미하지 않는 몇 가지를 지적하겠다.

우선 그것은 우리가 하는 모든 일들이 똑같이 중요하다는 의미가 아니다. 어떤 사람의 어떤 행위는 그 중요도 면에서 다른 행위와 확연히 다를 수 있다. 예를 들어, 바울에게는 장막을 짓는 일이 로마 사람들에게 편지를 쓰는 일과 같지 않았다. 그러나 둘 다 하나님께 인정을 받았고, 둘 다 참된 예배의 행위였다. 한 영혼을 그리스도께 인도하는 일은 정원을 가꾸는 일보다 분명 더 중요하다. 그러나 정원 손질도 영혼을 전도하는 것만큼 거룩한 행위가 될 수 있다.

평신도는 자신의 변변찮은 일을 목회자의 일보다 열등한 것으로 여길 필요가 없다. 모든 사람이 자신이 부름 받은 사명 안에 거하게 하자. 그러면 그의 일은 사역자의 일만큼 성스러울 것이다. 어떤 사람의 일이 성스러운 것인지 세속적인 것인지를 결정하는 것은 그가 무엇을 하느냐가 아니라 그 일을 하는 이유이다. 동기가 가장 중요하다. 어떤 사람이 마음으로 주 하나님을 믿으며 나아갈 때 그의 행동은 이전처럼 평범한 행동이 아닐 수 있다. 예수 그리스도를 통해 그가 하는 모든 일이 선하고 하나님께 받아들여질 수 있는 것이 된다. 그런 사람에게는 삶 자체가 제사장의 직무가 될 것이다. 그가 결코 단순하지 않은 삶의 임무들을 수행할 때 이런 천사의 음성을 듣게 될 것이다.

"거룩하다 거룩하다 거룩하다 만군의 여호와여 그의 영광이
온 땅에 충만하도다"(사 6:3).

＊ The Pursuit of God, 1948; Chicago: Moody, 2015 재출간.

 토저와 함께 탐색하기

3장은 성과 속의 충돌을 다루고 있지만, 2장보다 더 구체적인 면들
에 초점을 두고 있다. 예를 들어 성과 속의 분리는 신자들이 오랫동
안 지녀온 습관이며, 그런 습관을 깨기 위해선 이를 영적 전쟁으로 인
식할 필요가 있다는 것이다. 이 싸움은 하나님에 대한 적극적인 믿음
과 많은 기도를 요구하며, 매일의 삶에서 그러한 것들이 겉으로 드러
나야 한다. 분명 이 싸움에서 실수하고 실패할 때도 있겠지만, 그럴
수록 우리는 더욱 구주를 붙들어야 한다. 게다가 토저는 우리가 하
는 모든 일에서 거룩함을 위한 이 싸움이 이스라엘 역사에서 초대교
회 시대와 이후 교회 안에서 반복되어 나타난 문제였다고 말한다. 이
사실을 무시할 수는 없겠지만, 오직 그리스도 안에 승리가 있음을 붙
들자!

생각하고 적용하기

1 토저는 신성과 세속 사이의 이 싸움에서의 승리가 오로지 적극적인 믿음을 발휘함으로써만 가능하다고 말한다. 우리의 모든 행위를 하나님께 내어드리고 하나님께서 그것을 받으신다고 믿어야 한다. 그리고 그 입장을 확고히 고수하며 하루의 모든 행위들이 그에 포함된다고 주장하라. 개인적인 기도 시간에 우리의 모든 행동이 하나님의 영광을 위한 것이 되기 원한다는 걸 하나님께 상기시켜 드리라. 그리고 생업에 종사하는 동안 생각 속의 기도로 그 시간들을 보충하라. 모든 일이 제사장의 사역이 되게 하는 훌륭한 기술을 연마하자. 토저는 이 과정에 속한 네 단계를 지적한다.

(1) 하나님에 대한 적극적인 믿음
(2) 우리의 모든 행동을 하나님께 내어드림
(3) 개인적인 기도
(4) 일상의 생각 속의 기도

혹 당신에게서 개인적인 기도가 세상에 의해 밀려나고 있지는 않은지 점검해보라. 당신은 그 시간을 어떻게 보호할 것인가?

2 개인적인 기도와 일상의 생각 속의 기도는 둘 다 성과 속의 이분법에서 벗어나려는 신자의 삶 속에서 나타나야 한다. 그 이유는 무엇인가?

3 개인 기도는 대부분 하루의 특정 시간에 드려지기 때문에 평가하기가 더 쉽다. 그러나 일상의 생각 속의 기도는 한순간 성령의 전적인 인도하심에 달려 있기 때문에 좀 더 자유롭다. 지난 24시간 동안 당신이 드렸던 생각 속의 기도는 무엇인가?

4 종교개혁가, 청교도들과 신비주의자들은 우리를 성–속의 속박으로부터 자유롭게 해주려고 애써왔다. 그런데 오늘날 보수적인 그룹은 그 속박으로 다시 돌아가려는 성향을 보인다. 당신의 삶과 교회에서 본 이 속박의 현상들을 몇 가지 나열해보고, 그것이 당신의 기도 생활에 어떤 영향을 미쳤는지 말해보라.

5 잠언 16장 2절은 이렇게 말한다: "사람의 행위가 자기 보기에는 모두 깨끗하여도 여호와는 심령을 감찰하시느니라". 당신의 소명에 대한 동기들을 살펴보라! 당신의 기도의 동기들을 깊이 생각해보라! 당신의 동기들이 옳지 않다면, 어떻게 이를 수정해 나갈 것인가?

CHAPTER 04

올바른 생각이
올바른 기도로 이끈다

자유롭게 생각할 수 있을 때 무엇을 생각하느냐가 바로 지금 우리의 모습 혹은 곧 변화될 우리의 모습을 나타낸다. 오늘날의 복음주의는 이에 대해 말해줄 만한 것이 없지만, 성경은 우리의 생각에 대해 많이 이야기한다. 우리의 생각이 우리에게 정말로 중요하기 때문이다. 복음주의가 이에 대해 거의 이야기하지 않는 이유는 신 사상(New Thought), 연합파(Unity), 크리스천 사이언스(Christian Science) 등과 같은 '생각'의 숭배 때문에 과잉 반응을 보이기 때문이다. 이러한 숭배는 우리의 생각이 거의 모든 것이 되게 만들며, 우리는 그것을 거의 아무것도 아니게 만듦으로써 그에 반박한다.

우리의 자유로운 생각들은 우리가 어떤 사람인지를 나타낼

뿐만 아니라 장차 어떤 사람이 될 것인지를 예측하기도 한다. 우리가 가진 자연적인 본능에서 비롯된 행동을 제외한 의식적인 행위들은 모두 우리의 생각에서 나온 것이다. 의지는 생각의 종이 될 수 있고, 일반적으로는 우리의 감정도 생각을 따른다고 본다.

"생각할수록 화가 난다"라는 말은 이를 잘 표현해준다. 이 말은 사람의 정신적 과정을 정확하게 보여주며, 생각의 힘에 바치는 무의식적인 찬사이다. 즉 생각은 감정을 일으키고, 감정은 행동을 촉발시킨다. 우리는 그렇게 만들어졌고, 그것을 당연하게 받아들인다.

시편과 선지서에는 종교적인 감정을 일으키고 우리를 올바른 행동으로 유도하는 올바른 생각의 힘에 대한 언급이 많다.

"내가 내 행위를 생각하고 주의 증거들을 향하여 내 발길을 돌이켰사오며"(시 119:59).

"내 마음이 내 속에서 뜨거워서 작은 소리로 읊조릴 때에 불이 붙으니 나의 혀로 말하기를"(시 39:3).

구약성경의 저자들은 삶을 개선시키기 위해, 또한 선한 행위나 용감한 행동을 위한 준비 단계로서 높고 거룩한 것들에 대해 잠잠히 생각할 것을 권면한다.

하나님이 우리에게 주신 생각의 힘을 존중하는 것은 구약성경뿐만이 아니다. 그리스도는 인간이 악한 생각으로 스스로를 더럽힌다고 가르치셨으며, 심지어 생각과 행동을 동일시하기까지 하셨다: "음욕을 품고 여자를 보는 자마다 마음에 이미 간음하였느니라"(마 5:28)와 같은 말씀을 보라. 바울도 빛나는 미덕들의 목록을 나열한 후 "이것들을 생각하라"라고 명령했다(빌 4:8).

이는 성경에 나오는 수백 가지 예들 중 몇 가지일 뿐이다. 하나님과 거룩한 것들에 대해 생각하면 믿음과 사랑과 겸손과 경건한 마음의 성장에 유익한 도덕적 환경이 조성된다. 물론, 우리는 생각으로 우리의 마음을 새롭게 할 수 없고, 우리의 죄들을 없애거나 타고난 성품을 변화시킬 수 없다. 생각으로 우리의 키를 한 자라도 자라게 하거나 악을 선으로, 어두움을 빛으로 바꿀 수는 없다. 그렇게 가르치는 것은 성경의 진리를 잘못 전하고 스스로 제 무덤을 파는 꼴이다. 그러나 우리는 성령의 감화를 받은 생각으로, 우리의 마음을 하나님이 기꺼이 거하시는 깨끗한 성소로 만드는 걸 도울 수 있다.

앞에서 나는 우리의 자유로운 생각에 대해 신중하게 언급한 바 있다. 이 악하고 적대적인 세상을 여행하는 동안 우리가 원치 않고 도덕적으로 공감하지도 않는 많은 생각들이 우리에게 강요될 것이다. 생계를 위해 일하다 보면 전혀 고상하지 않은 생각들을 품도록 강요받기도 한다. 다른 사람들의 행위에 대한 세상의 일반적인 인식은 그리스도인의 영혼에 혐오감을 주는 생각들을 가져올 것이다.

그러나 이런 일들이 우리에게 미치는 영향은 실상 매우 적다. 우리에게는 그에 대한 책임이 없으며, 그런 생각들은 공중에 날아가는 새처럼 아무 흔적을 남기지 않고 우리의 마음을 통과할 것이다. 그것은 우리의 것이 아니기 때문에 우리에게 지속적인 영향을 미치지 않는다. 우리는 이런 달갑지 않은 침입자들을 사랑하지 않으며 가능한 한 빨리 제거해버리고 싶어 한다.

만일 자신의 참된 영적 상태를 점검하고자 한다면, 지난 몇 시간 혹은 며칠 동안 자신의 자유로운 생각들이 무엇이었는지를 살펴보라. 원하는 생각을 자유롭게 할 수 있을 때, 나는 무슨 생각을 했는가? 자유롭게 방향을 정할 수 있을 때, 내 속마음은 어느 쪽으로 향했는가? 생각의 새를 자유롭게 놓아주었을 때, 그 새는 까마귀처럼 날아가 물에 떠 있는 시체들 위에 앉았는가, 아니면 비둘기처럼 하나님의 방주로 다시 돌아왔는가?

쉽게 해볼 수 있는 테스트다. 우리가 정말로 자신에게 솔직하다면 이 테스트를 통해 우리가 어떤 사람인지뿐만 아니라 어떤 사람이 될 것인지도 알 수 있을 것이다. 우리는 그 생각들의 합계가 될 것이기 때문이다.

우리의 생각은 감정을 자극하고, 우리의 의지에 강한 영향을 미친다. 반대로 의지가 우리 생각의 주인이 될 수도 있다(나는 그렇게 되어야 한다고 본다). 사람은 자신이 무엇에 대해 생각할지를 결정할 수 있다. 물론 어려움을 겪거나 유혹을 당하는 사람은 자신의 생각을 다스리기가 다소 어렵다는 걸 발견할 것이다. 심지어 그가 가치 있는 대상에 집중하고 있는 동안에도 거친 생각들이 여름밤의 번개처럼 순간적으로 그의 마음을 누빌 수 있다. 하지만 이것들은 해롭다기보다 성가신 것에 가깝고, 장기적으로는 어떤 식으로든 많은 변화를 일으키지 못할 가능성이 크다.

우리의 생각을 다스리는 가장 좋은 방법은 마음을 하나님께 온전히 내어드리는 것이다. 그러면 성령이 그 마음을 받아 즉시 다스리실 것이며, 영적인 것들을 생각하기가 상대적으로 쉬워질 것이다. 특히 우리가 오랜 시간을 두고 날마다 기도로 우리의 생각을 단련한다면 더욱 그럴 것이다. 마음속으로 기도하는 훈련(즉 일을 하거나 여행을 하면서 마음속으로 하나님과 대화하는 것)을 오랫동안 해나가면 거룩한 생각의 습관을 기르는 데 도움이 될 것이다.

＊ Born After Midnight, 1959; Chicago: Moody, 2015 재출간.

이 장의 내용은 성과 속의 딜레마에 관한 앞의 두 장과 매우 비슷해 보이지만, 사실은 그 문제의 핵심을 다룬다. 즉 올바른 생각이 올바른 행동으로 이어진다는 것이다. 여기서 우리가 초점을 두고 있는 올바른 행동은 올바른 기도를 말한다. 또한 올바른 생각은 하나님의 말씀을 우리의 마음과 생각 속에 품고 있을 뿐만 아니라 그것이 성스러운 것과 세속적인 것, 삶의 모든 영역에서 우리의 마음을 새롭게 하는 데서 시작된다. 로마서 12장 1,2절은 이 과정을 잘 보여준다.

"그러므로 형제들아 내가 하나님의 모든 자비하심으로 너희를 권하노니 너희 몸을 하나님이 기뻐하시는 거룩한 산 제물로 드리라 이는 너희가 드릴 영적 예배니라 너희는 이 세대를 본받지 말고 오직 마음을 새롭게 함으로 변화를 받아 하나님의 선하시고 기뻐하시고 온전하신 뜻이 무엇인지 분별하도록 하라"(롬 12:1,2).

물론 이 과정은 시간이 필요하고, 하나님께 마음을 온전히 내어드려야 하며, 성령의 능력 안에서 훈련을 받아야 실제가 될 수 있다. 우리 하나님께서 우리의 마음과 생각을 변화시키실 때 우리의 기도 생활도 그 변화를 경험할 수 있다. 우리가 모든 일 안에서 하나님의 뜻을 구하고 기도할 것이기 때문이다.

토저는 두 종류의 생각을 언급한다. 그것은 강요된 생각과 자유로운 생각이다. 그는 강요된 생각을 '우리가 좋아하지 않고 도덕적으로 공감하지도 않는' 것들로 묘사했으며, '그리스도인의 영혼에 혐오감을 주는' 것이라고 했다. 이들은 그저 지나가는 침입자들이며 우리에게 흔적을 남기지 않는다. 그러나 에덴동산에서 뱀이 하와에게 했던 것처럼 하나님에 대한 우리의 믿음을 약화시키는 왜곡, 거짓말, 반쪽 진실, 위험한 세부사항들에 해당하는 강요된 생각들은 어떤가?(창 3:1-5) 이러한 생각들이 하나님의 말씀을 통해 걸러지거나 하나님의 말씀의 빛에 드러나지 않는다면 우리는 문제가 있는 기도를 하게 될 것이다. 그러다 기도가 줄어들며, 결국은 기도하지 않게 될 것이다.

"사탄은 하나님과 전쟁을 하고 있다. 거기엔 중요한 것이 걸려 있다. 바로 그리스도인의 마음을 장악하는 것이다."[2]

토저는 지난 몇 시간 또는 며칠 동안 자유롭게 했던 생각들을 우리의 참된 영적 상태를 알아보는 시금석으로 사용하라고 말한다. 그 생각들의 성향이 내적인 마음의 방향을 드러내기 때문이다.

"대저 그 마음의 생각이 어떠하면 그 위인도 그러한즉"(잠 23:7).

생각하고 적용하기

1 지난 일주일간 당신의 자발적인 생각들을 하나하나 조사해보라. 그 생각들은 하나님의 일들과 기도로 이끌렸는가, 아니면 일상의 활동들이나 개인적인 목표들로 향했는가? 종이 한 장을 꺼내 그 생각들의 성향을 두 줄로 나누어 적어보라. 그리고 종이의 다른 면에는 지난 한 주간 당신의 기도 성향을 적어보라. 그것은 하나님나라를 향하고 있는가, 아니면 당신의 나라를 향하고 있는가? 두 결과의 상관관계를 평가해보라. 이제 당신이 해야 할 일이 보이는가?

2 토저는 오랜 기간 동안 기도로 우리의 생각들을 훈련할 것을 말한다. 매우 바쁘고 빠르게 돌아가며, 기술이 지배하는 세상 문화 속에서 우리는 어떻게 그것을 훈련할 수 있을까? 일주일 동안 당신의 라이프 스타일을 바꾸고, 당신의 기도 시간과 기도 방향이 더 나아지는지 점검해보라.

3 "마음속으로 기도하는 기술(즉 일을 하거나 이동을 하면서 내적으로 하나님과 대화하는 것)을 오랫동안 연습하면 거룩한 생각의 습관을 기르는 데 도움이 될 것이다." 하루 동안, 그다음엔 일주일, 마지막으로 한 달 동안 일상의 일들을 하면서 마음속으로 기도하는 훈련을 해보라. 그 후에 스스로 혹은 멘토나 다른 신자와 함께 평가하는 시간을 가져보라. 이런 도전은 하나님 보시기에 그것을 성공적으로 해내는 데 큰 도움이 될 것이다.

4 하나님이 당신의 생각들을 더 많이 지배하시게 하려고 노력할 때 그 것이 유혹이나 죄의 고백, 매일의 예배, 다른 사람들의 필요, 우리나라의 상황에 대한 당신의 반응에 어떤 영향을 미쳤는지 돌아보라.

기도는 순종을
대신하지 않는다

최근에 부흥을 위한 기도가 많이 드려지고 있지만, 실제로 부흥이 일어난 경우는 얼마나 적은지 모른다. 점점 더 커지는 기도 소리를 고려한다면 온 땅에 부흥의 강이 흘러야 한다. 그러나 그런 결과들이 두드러지게 나타나지 않는다고 해서 낙심해선 안 된다. 그보다는 그것에 자극을 받아 우리의 기도가 응답되지 않는 이유를 알아내려 해야 한다.

자연 세계와 마찬가지로 하나님나라의 모든 일에는 합당한 이유가 있다. 하나님이 부흥 주시기를 거절하는 이유가 깊은 곳에 있겠지만, 그렇다고 발견하지 못할 정도로 깊은 것은 아니다.

나는 우리의 문제가 기도로 순종을 대신하려는 데 있다고 믿는다. 그것은 효과가 없을 것이다. 예를 들어, 이어져온 전통들이 성경적인지 아닌지 깊이 생각하지 않은 채 그 전통들을 따르거나 여론의 압력에 못 이겨 신약성경의 양식과 거리가 먼 데도 대중적인 추세를 따르는 교회가 있다고 하자. 그러다 교인들 속에 영적인 능력이 없다는 것을 깨달은 목회자가 그에 대해 염려하기 시작한다. 그 목회자는 어떤 일을 시도하게 될까? 그는 어떻게 하면 교인들이 영적 활력을 되찾을 수 있을지, 어떻게 하면 그들의 실신한 영혼을 깨워줄 상쾌한 소나기가 내리게 할 수 있을지 고민할 것이다.

그를 위한 답은 준비되어 있다. 많은 책들이 그에게 그 방법을 말해줄 것이다: 기도하라! 지나가는 복음전도자는 책들이 말한 것을 확증해줄 것이다: 기도하라! 그 말은 앞뒤로 울리고 점점 더 커져서 마침내 큰 고함소리가 될 것이다: 기도하라!

이제 목회자는 교인들에게 기도하라고 말할 것이다. 자비를 베풀어주시고 그분의 백성에게 부흥을 보내달라고 밤낮으로 하나님께 간구할 것이다. 감정이 고조되면서 잠시 동안 마치 부흥이 오고 있는 것처럼 보일 수도 있다. 그러나 부흥은 오지 않고, 기도의 열정은 시들해지기 시작한다. 곧 교회는 예전의 상태로 돌아가고, 망연자실한 절망감이 모든 사람에게 찾아온다.

무엇이 잘못되었던 걸까? 목회자나 교인들 모두 하나님의 말씀에 순종하기 위한 노력을 전혀 하지 않았다는 데 문제가 있다. 그들은 자신들의 유일한 약점이 기도하지 않은 것이라고 생각했지만, 사실 그들은 정말 중요한 순종의 문제에서 여러모로 부족했던 것이다.

"순종이 제사보다 낫고"(삼상 15:22).

기도는 결코 순종의 대체물이 될 수 없다. 통치자 하나님은 그분의 피조물들로부터 순종이 동반되지 않은 제물은 받지 않으신다. 성경에 기록된 명백한 교훈을 무시하거나 어기면서 부흥을 위해 기도하는 것은 많은 말을 낭비하는 것이고 쓸데없이 힘만 들이는 것이다.

최근에는 그리스도에 대한 믿음이 절대적인 결정권자라는 사실이 간과되고 있다. 그것은 구원받은 사람의 인격을 가로채고 다른 모든 요구들은 배제하며 그 사람을 사로잡는다. 더 정확히 말하면, 그것은 그리스도인의 삶에 대한 모든 합법적인 요구들을 조건부로 만들며, 전체 계획 안에서 각 요구가 차지할 자리를 결정한다. 그리스도를 믿어 구원을 받으면 죄의 형벌을 면하게 되지만 그리스도의 말씀에 순종해야 하는 의무에서 벗어나는 것은 아니다. 오히려 그는 기쁨으로 순종해야 할 의무를 갖게 된다.

신약성경의 서신서들을 보면 얼마나 많은 부분이 '권고', 혹은 '권면'이라고 잘못 칭해지는 것들로 분류되는지 보라. 서신서를 '교리적인' 말씀과 '권고하는' 말씀으로 분류함으로써 우리는 권고 말씀에 순종해야 할 필요성에서 벗어났다. 교리적인 말씀은 우리에게 믿는 것 외에는 아무것도 요구하지 않는다. 소위 '권고'하는 구절은 전혀 해가 없다. '권고'라는 말 자체가 순종해야할 명령보다는 충고와 격려의 말씀임을 선언하는 것이기 때문이다. 이것은 명백한 잘못이다.

서신서의 권면들은 교회의 머리이신 그리스도로부터 오는 임무를 떠맡은 사도의 명령으로 이해해야 한다. 그것은 우리가 마음대로 수락하거나 거절할 수 있는 좋은 충고 정도가 아니라 반드시 순종해야만 하는 것이다.

우리가 하나님의 복을 받으려면 순종하기 시작해야 한다. 우리가 기도를 순종의 대체물로 사용하기를 멈출 때, 기도는 효력을 나타낼 것이다. 하나님은 순종 대신 드리는 기도를 받지 않으신다. 우리가 그것을 대신하려는 것은 스스로를 속이는 것밖에 안 된다.

* Of God and Men, 1960; Chicago: Moody, 2015 재출간.

사무엘 선지자는 이스라엘 최초의 왕인 사울에게 "순종이 제사보다 낫고"(삼상 15:22)라고 했다. 이 말씀은 사울이 궁극적으로 가장 좋은 것인 하나님의 말씀에 순종하는 대신 가장 좋은 양이나 아말렉에게 빼앗은 가축을 하나님께 제물로 바친 것과 관련이 있다. 이것은 모든 신자들이 궁극적인 최선 대신 그저 좋은 것에 초점을 둘 때 겪는 싸움이다. 토저는 기도와 순종을 연관시켜 말한다. 이 생각들을 더 분명히 알기 위해 예레미야에게 하신 주님의 말씀을 살펴보자.

"그들이 나무를 향하여 너는 나의 아버지라 하며 돌을 향하여 너는 나를 낳았다 하고 그들의 등을 내게로 돌리고 그들의 얼굴은 내게로 향하지 아니하다가 그들이 환난을 당할 때에는 이르기를 일어나 우리를 구원하소서 하리라"(렘 2:27).

"내가 그들을 그들의 원수 앞에서 흩어 버리기를 동풍으로 함같이 할 것이며 그들의 재난의 날에는 내가 그들에게 등을 보이고 얼굴을 보이지 아니하리라"(렘 18:17).

"그들이 등을 내게로 돌리고 얼굴을 내게로 향하지 아니하며 내가 그들을 가르치되 끊임없이 가르쳤는데도 그들이 교훈을 듣지 아니하며 받지 아니하고"(렘 32:33).

예레미야에게 하신 이 말씀들은 환난이나 어려움이 찾아올 때 기도할 것이 아니라 주께 불순종하는 행위('그들이 등을 내게로 돌리고')를 정확히 묘사한다. 하나님께 드리는 기도는 성령의 능력 안에서 하나님께 순종하는 삶에 기반을 두어야 한다. 그 결과 하나님은 불순종하는 자들에게 그의 얼굴이 아니라 등을 보임으로 응답하신다. 즉 그들의 기도는 응답되지 않는다. 그래서 토저는 부흥을 위한 기도를 많이 함에도 결과가 전혀 혹은 거의 나타나지 않는다고 말한 것이다.

우리의 기도가 응답되지 않는 이유에 대한 조사 혹은 평가가 필요하다. 이 정직한 평가는 개개인의 신자와 신자들의 공동체에 의해 행해져야 한다. 그것이 없으면 우리는 그리스도와 함께하는 삶과 기도 생활에서 후퇴하고 앞으로 나아가지 못할 것이다(렘 7:24).

1   토저는 그의 사역 기간(1919-1963년) 동안 부흥을 위한 기도를 많이 했고, 그 시기에 두 번의 세계전쟁과 대공황이 있었다고 말한다. 여러 면에서 지금 시대도 그때와 다를 것이 없다. 당신의 교회나 당신은 부흥을 위해 기도하고 있는가? 그렇다면 당신의 기도들을 평가해보라. 지난 한 달 동안 당신이 하나님의 말씀에 순종했는지도 평가해보라. 부흥을 위한 당신의 기도와 하나님에 대한 순종이라는 두 흐름 사이에 상관성이 있는가? 이제 당신은 무엇을 해야 하는가?

2   부흥을 위해 기도하는 것이 하나님의 말씀에 순종하는 것보다 더 쉽다. 그 이유는 무엇인가? 이것은 신자들의 기도 생활에 위로부터 오는 능력이 나타나기 위해 모든 신자들이 반드시 해야 하는 중요한 평가다.

3   토저는 기도에 대한 열정이 시들해지는 것, 기도하다가 낙심하는 것, 그리고 우리가 기도로 순종을 대신하려 할 때 사람들을 속이는 것에 대해 말한다. 하나님과 둘만의 시간을 가지고, 매일 순종과 기도 생활에 대한 열정을 회복시켜 주셔서 매일의 도전과 기회들에 대응하게 해달라고 기도하라.

4 기도와 순종에 대해 율법적인 속박에 빠지지 않도록 주의하라. 우리가 더 많이 순종할수록 하나님이 기도를 더 많이 들어주신다고 생각하기 쉽다. 신자가 하나님께 순종할 때 그는 그리스도의 마음을 갖게 되며 하나님이 기도하라고 보여주시는 것에 대해 더 많이 기도하게 된다. 거기에 율법적인 특성은 없으며, 아버지의 사업에 관여하고 우리의 영향권 안에 있는 사람들에게 복이 될 자유가 있을 뿐이다. 하나님의 성령께 당신을 살펴주시고 당신에게서 경건치 못한 관점들을 제거해주시길 간구하라!

CHAPTER 06

하나님의 사역에 기도로 동참하라

교회를 통해 이루어지는 하나님의 일은 오직 성령의 능력을 힘입어 성취될 수 있다는 성경의 가르침은 우리 인간들이 받아들이기가 매우 어렵다. 그 사실은 명예와 칭찬, 영광과 인정에 대한 우리의 육신적 욕구를 좌절시키기 때문이다.

기본적으로 하나님은 우리를 매우 친절하고 인자하게 대해주신다. 하지만 그분은 우리의 인간적인 교만이나 정욕과는 절대 타협하실 수 없다. 그래서 하나님의 말씀은 우리가 어떤 인간적인 은사나 재능으로도 하나님의 궁극적이고 영원한 사역을 이룰 수 없다는 것을 이해하고 고백할 것을 주장하며 '교만한 육신'을 그토록 강하게 압박하는 것이다. 영광은 오직 하나님께만 속한다. 만일 우리가 그 영광을 취한다면 하나님은 교회 안에서 좌절감을 느끼실 것이다.

예수 그리스도가 실제로 하신 일을 생각해보라. 그분은 '성도를 온전하게 하여 봉사의 일을 하게 하며 그리스도의 몸을 세우려고' 특별한 은사들을 주셨다(엡 4:12). 성도들이 해야 할 사역-그것은 우리가 아는 대로 단지 사역자로 임명받은 사람들에게만 주어진 것이 아니다-은 그리스도의 몸을 세워 "우리가 다 하나님의 아들을 믿는 것과 아는 일에 하나가 되어 온전한 사람을 이루어 그리스도의 장성한 분량이 충만한 데까지 이르"게 하는 것이다(엡 4:13).

믿음의 교회가 하나님의 영원한 일에 쓰임받기 위한 또 하나의 중요한 조건은 기도다. 기도의 문제는 실제로 일반적인 사람들, 하나님 자녀들의 큰 특권과 관련 있다. 이 땅에서 우리의 신분이 어떠하든 간에, 우리에게는 하나님의 가족 안에서 믿음의 기도를 드릴 권한이 있다. 믿음의 기도는 하나님의 마음을 사로잡으며, 영적인 삶과 승리에 대한 하나님의 조건들을 충족시킨다.

기도의 능력과 그 결과에 대해 생각하다 보면 왜 우리가 기독교 신자로 살아가고 있는지, 무엇이 되고 싶으며, 무엇을 갈망하는지 묻게 된다. 혹 우리는 종교적인 회전목마처럼 빙빙 돌기만 하고 있는 건 아닌가? 그저 색이 칠해진 모형 말에 올라타 즐거운 음악에 맞춰 무의미한 회전을 반복하고 있는 건 아닌가?

하나님의 사람들은 늘 하는 대로 일주일에 한 번 종교적인 의식을 행하는 것 이상을 추구한다. 우리는 구속받은 신자들의 모임에 놀라운 기도 응답들이 있어야 한다고 믿으며, 하나님이 성령 안에서 우리의 기도를 들으시고 실제로 응답해주신다고 믿는다. 성도들 안에 주어지는 기적적인 기도 응답은 다른 무엇보다 더 하나님의 사람들을 북돋워주고 격려해주며 확고히 해줄 것이다. 또한 절망 가운데 축 늘어져 있는 손을 들어 올리고 연약한 영적 무릎을 강하게 해줄 것이다.

우리가 아무리 광고를 한다 해도, 성령이 일으키시는 믿음의 기도에 대한 은혜로운 응답의 결과로 주어지는 하나님의 일들에 대한 관심과 참여에는 필적하지 못할 것이다.

만일 하나님이 교회를 통해 이루려 하셨던 일들을 달성하려 하신다면, 그러한 기도와 하나님의 조건을 충족하는 것이 우리에게 주어진 세 번째 조건일 것이다.

＊ Tragedy in the Church, 1990; Camp Hill, PA: WingSpread, 2010 재출간.

토저는 "하나님이 교회를 통해 일하시려면 오직 성령의 능력을 힘입어야만 한다는 성경의 가르침은 명예와 칭찬과 영광과 인정을 얻고자 하는 우리의 욕구를 좌절시킨다"라고 말한다. 우리의 은사와 재능, 하나님이 주권적으로 각 사람에게 맡기신 일, 그 신성한 노력의 성공에 대한 공을 차지하려는 것이 우리의 타락한 본성의 약점이다.

그 모든 것(성공 또는 실패)의 영광은 오직 하나님께 속한 것이다. 어떤 사람은 '실패는 모두 우리의 것'이라고 말할 것이다. 그러나 하나님이 우리의 자만심을 무너뜨리기 위해 그 실패를 허락하셨고, 그로써 우리의 마음을 움직여 그분께 더욱 의존하게 하심으로써 영광을 받으실 수도 있지 않은가?

마찬가지로, 성령이 우리의 기도 생활에 힘을 불어넣어주셔야 한다. 육신을 단련한다고 해서 기도하거나 응답을 받을 수는 없기에 이를 자랑할 수 없다. 사람들에게 보이기 위해 기도의 사람이 될 수는 없다. 그것은 모두 하나님께 속한 것이어야 한다!

조용히 그분의 음성에 귀를 기울일 때 성령이 우리의 기도를 주도하시고, 이 기도의 여정에서 붙잡을 약속들을 주시며, 꾸준히 기도할 수 있는 힘을 주신다. 또한 기도 응답이 주어질 때 하나님께 영광을 돌리게 해주시고, 성도의 삶이 구세주로 인해 부유하게 해주신다. 하나님은 그것을 보시고 그분의 때에 성령에 이끌린 것에 보상해주신다!

1 토저는 "구속받은 신자들의 모임에는 놀라운 기도 응답들이 있어야 한다"라고 말한다. 교회에서 응답받은 기도들을 알고 있는가? 당신은 그 일에 어떻게 반응을 보였는가? 당신의 삶 속에서 그렇게 응답받은 기도들이 있는가? 그때 당신의 반응은 어떠했으며, 지금은 어떠한가?

2 우리는 종교적인 회전목마에 갇혀 있기가 쉽다. 시편 기자는 "너희는 가만히 있어 내가 하나님 됨을 알지어다"(시 46:10)라고 말한다. 당신이 교회와 자신의 신앙생활 안에서, 그리고 기도 생활에 있어서 그런 회전목마를 타고 있는지 알아보기 위해 하나님이 당신의 마음을 살피시게 하라. 당신의 평가에 비추어 볼 때, 이제 당신이 해야 할 일은 무엇인가?

3 교회 안에서 일어난 기적적인 기도 응답이 다른 무엇보다 성도들을 북돋워주고 격려해주고 견고하게 해준 적이 있는가? 그렇다면 그 기적은 무엇이었는가? 아니라면, 그 일에 대해 어떤 결론 혹은 평가를 속히 내려야 하는가? 당신 자신에 대해서도 같은 질문들을 해보라.

4 "우리가 아무리 광고를 한다 해도, 성령이 일으키시는 믿음의 기도에

대한 은혜로운 응답의 결과로 주어지는 하나님의 일들에 대한 관심과 참
여에는 필적하지 못할 것이다." 당신의 교회에서는 이런 일이 일어나고
있는가? 기도를 포함한 우리의 모든 것이 성령에 이끌리는 성경적 모델
로 돌아갈 수 있을까?

부흥은 자정 후에 탄생한다

부흥에 관심이 있는 그리스도인들 가운데 "부흥은 자정 후에 탄생한다"라고 말하는 사람들이 있다. 이것은 문자적으로는 사실이 아니지만 매우 정확한 사실을 가리키는 격언 중 하나이다. 이 말을 하나님께서 낮에 드리는 기도는 듣지 않으신다는 뜻으로 이해한다면 당연히 맞지 않다. 우리가 피곤하고 지쳤을 때 드리는 기도가 힘이 있을 때 드리는 기도보다 더 큰 능력이 있다는 뜻으로 받아들인다면 그 또한 사실이 아니다.

만일 하나님께서 우리의 기도를 고행으로 바꾸고 싶어 하시거나 우리가 중보기도로 자신에게 벌주는 것을 보며 즐거워하신다면, 그분은 틀림없이 매우 엄격하고 금욕적인 분일 것이다. 그런데 지금도 일부 복음주의 그리스도인들 사이에는 이런 금욕적인 관념들이 남아 있다. 이들의 열정은 칭찬받을 만하지만, 타락한 인간에게 걸맞지 않게 무의식적으로 하나님께 가학적인 성향을 부여하는 것을 용서해서는 안 된다.

그러나 "부흥은 자정 후에 탄생한다"라는 사상 안에는 상당한 진리가 담겨 있다. 부흥(또는 다른 영적 은사와 은혜들)은 오직 그것을 간절히 원하는 자들에게만 오기 때문이다. 모든 사람은 자기가 원하는 만큼 거룩하고 성령 충만해진다고 할 수 있다. 막연히 바라는 만큼 충만해지진 않겠지만 틀림없이 원하는 만큼 충만해질 수 있다.

주님은 "의에 주리고 목마른 자는 복이 있나니 그들이 배부를 것임이요"(마 5:6)라고 말씀하셨을 때 이 점을 분명히 하셨다. 주림과 목마름은 육체적인 감각으로, 그것이 극심해지면 정말 고통스럽다. 하나님을 찾는 수많은 사람들이 경험한 것은 그들의 갈망이 고통이 되었을 때 놀랍도록 충만해졌다는 것이다. 문제는 우리를 충만케 해달라고 하나님을 설득하는 것이 아니라, 하나님이 그것을 허락하실 만큼 우리가 충분히 하나님을 원해야 한다는 데 있다. 대부분의 그리스도인은 냉담하고 비참한 자신의 처지에 만족한 나머지 복되신 성령님이 충만히 들어가실 만한 갈망의 공백을 갖고 있지 못하다.

간혹 충족되지 않은 영적 갈망들이 자신의 삶에서 너무나 크고 중요해져서 다른 모든 관심사를 밀어낸 사람이 종교적인 무대에 등장하기도 한다. 그런 사람은 지역 모임에서 매주 기도를 인도하는 냉랭한 형제들의 안전하고 관습적인 기도에 만족하지 않는다. 그의 갈망들이 그를 휩쓸어 성가신 일을 일으키기도 한다. 그럴 때면 그의 동료 그리스도인들은 고개를 저으며 다 안다는 듯이 서로를 쳐다본다. 하지만 앞을 보게 해달라고 소리쳤다가 제자들에게 책망을 받은 맹인처럼, 그는 더 크게 부르짖는다. 또한 아직 충족시키지 못한 조건이 있거나 기도 응답을 방해하는 것이 있다면 늦은 시간까지 계속 기도할 것이다. 그에게는 부흥이 자정 후에 올 것이다. 낮과 밤의 문제가 아니라 그의 마음 상태가 부흥의 시간을 결정한 것이다.

여기서 중요한 것은 긴 철야기도나 강한 울부짖음과 눈물도 그 자체로서 칭찬할 만한 행동은 아니라는 걸 우리가 이해하는 것이다. 모든 복은 샘과 같은 하나님의 선하심에서 흘러나온다. 오직 은혜로만 받는 유익들과 극명하게 대조되는 선행에 대한 보상들도 사실은 죄 사함만큼 확실히 은혜에 속한 것이다. 가장 거룩한 사도라도 겨우 자신이 무익한 종이라고 주장할 수 있을 뿐이다. 천사들은 하나님의 순전한 선하심으로 존재한다. 모든 피조물은 일반적인 의미에서 그 어느 것도 노력으로 얻을 수 없다. 모든 것은 주권자이신 하나님의 선하심으로 존재하며 그분께 속해 있다.

레이디 줄리안(Lady Julian)은 그것을 다음과 같이 기막히게 요약했다.

"우리가 마음으로 생각할 수 있는 모든 수단을 취하는 것보다 하나님께 신실하게 기도하며 그분의 선하심을 구하고, 그분의 은혜로 그분께 나아가며, 참된 이해와 굳건한 사랑으로 나아갈 때 하나님께 더 큰 영광과 큰 기쁨이 된다. 그 모든 수단을 우리가 취하려 하면, 그것은 너무 적고 하나님께 온전한 영광이 되지 못한다. 모든 것은 하나님의 선하심 안에서 온전하며, 아무것도 실패하지 않는다. … 하나님의 선하심은 가장 높은 기도이며, 그것은 우리 필요의 가장 낮은 부분에까지 이르기 때문이다."

우리를 향한 하나님의 모든 선의에도 불구하고, 우리의 모든 갈망이 하나로 축소되기 전까지는 하나님이 우리 마음이 갈망하는 것들을 허락해주실 수 없다. 우리가 우리의 육적 욕망들을 처리했을 때, 육신의 사자와 자기 사랑의 용을 발로 짓밟고 참으로 우리 자신을 죄에 대하여 죽은 자로 여길 때, 그때에만 하나님이 우리를 일으켜 새로운 삶을 살게 하시며 그분의 복된 성령으로 우리를 충만케 하실 수 있다.

개인적인 부흥과 승리하는 삶의 교리를 배우기는 쉽다. 그러나 자신의 십자가를 지고 자기를 버리는 어둡고 험난한 언덕을 걸어 올라가는 것은 별개의 일이다. 부름 받은 사람들은 많고, 택함 받은 사람들은 적다. 실제로 약속의 땅으로 건너가는 사람 중 많은 이들이 잠시 멈춰 서서 동경하는 눈으로 강 건너를 바라보다가 비교적 안전하게 보였던 옛 삶의 폐허로 돌아가기 때문이다.

기도를 밤늦은 시간에 드리는 것이 더 좋다는 건 아니다. 다만 그 시간의 기도에는 진지한 마음과 일상을 넘어 특별한 기도를 드리겠다는 단호한 결심을 들어 있다. 그 특별한 경험 속으로 애써 들어가려는 귀한 영혼이 자정 이후에 그곳에 도달할 가능성은 더 크다.

* Born after Midnight, 1959; Chicago: Moody, 2015 재출간.

 **토저와 함께 탐색하기**

알든 모르든, 대부분의 그리스도인들은 기도에 관한 몇 가지 심각한 오해를 품고 있다. 특히 부흥에 관해서는 더 그렇다. 그래서 긴 철야기도, 강한 울부짖음과 눈물에 젖은 기도, 우리가 피곤하고 지쳤을 때 드리는 기도, 늦은 밤의 기도들도 하나님께 깊이 뿌리를 내리지 않은 금욕적인 그림자들을 가지고 있을 수 있다. 토저의 말처럼 "모든 피조물은 일반적인 의미에서 그 어느 것도 노력으로 얻을 수 없다." 모든 것은 하나님의 주권적인 선하심에 의한 것이고, 그것에 속한 것이다. 마찬가지로, 레이디 줄리안은 다음과 같이 말함으로써 이 문제

를 다루었다: "하나님의 선하심은 가장 높은 기도이며, 그것은 우리의 필요의 가장 낮은 부분까지 이른다".

실제로 부흥은 그것을 간절히 원하는 사람들에게만 온다. 그들은 마음의 갈망들이 모두 하나로 축소된 사람들, 즉 하나님을 알고 그분을 기쁘게 해드리길 갈망하여(골 1:10-18) 모든 일에 그리스도를 가장 우선순위에 두는 사람들이다. 우리의 십자가를 지고 자기를 버리는 어둡고 험난한 언덕을 걸어 올라가는 이 여정은 성령의 능력 안에서 그리스도를 붙잡고 그분의 영이 이끄시는 방향으로 나아가지 않고서는 불가능하다.

토저는 이 여정을 위해 부름 받은 사람들은 많으나 이 중 많은 이들이 비교적 안전하게 보였던 옛 삶의 폐허를 돌아볼 거라고 지적한다. 그러한 자들의 삶에는 열매가 거의 없고, 우리의 영향력을 미칠 수 있는 사람들에게 빛과 소금이 되지 못하며, 기도 생활이 약하거나 존재하지 않게 된다.

1 우리는 자신이 가장 원하는 것이 무엇인지 스스로에게 질문할 필요가 있다: 우리 자신과 가족을 위해 경제적으로 안정된 삶을 원하는가? 자녀가 잘되는 것을 보기 원하는가? 직장에서 혹은 교회에서 영적 은사를 사용함으로 인정 받기를 원하는가?

우리가 간절히 원하는 것을 나열하자면 끝도 없을 것이다. 그러나 우리 자신과 가족, 교회, 공동체, 우리가 살고 있는 지역과 나라를 위한 부흥을 바라는 갈망은 어디에 있는가? 우리가 정말로 '간절하게' 부흥을 원한다면 우리의 영적인 열망들이 다른 모든 관심사들을 밀어내기 시작하지 않겠는가? 뿐만 아니라, 안전하고 관습적인 기도로 향하는 마음이 점점 더 줄어들지 않겠는가?

선지자 하박국이 부흥을 위해 드렸던 이 열정의 기도를 깊이 생각하고 묵상하라. 그것을 당신의 기도로 삼으라!

"여호와여 내가 주께 대한 소문을 듣고 놀랐나이다 여호와여 주는 주의 일을 이 수년 내에 부흥하게 하옵소서 이 수년 내에 나타내시옵소서 진노 중에라도 긍휼을 잊지 마옵소서"(합 3:2).

2 "내 이름으로 일컫는 내 백성이 그들의 악한 길에서 떠나 스스로 낮추고 기도하여 내 얼굴을 찾으면 내가 하늘에서 듣고 그들의 죄를 사하고 그들의 땅을 고칠지라"(대하 7:14).

이 구절에서 알 수 있듯이 참된 부흥에는 네 가지 조건이 있다. 즉 하나님 앞에서 스스로 낮추는 것, 기도하는 것, 하나님의 얼굴을 찾는 것, 악한 길에서 떠나는 것이다. 물론 성령의 인도하심과 능력이 아니면 이 조건들을 만족시키기가 불가능하다. 그러나 시간이 좀 걸리더라도 이 조건들을 충족시키는 데 진전을 보일 때 하나님은 우리의 기도를 들으시고, 우리의 죄를 사하시며, 우리의 땅을 고치실 것이다. 따라서 "하나님은 우리의 모든 갈망이 하나로 축소되기 전까지는 우리 마음이 갈망하는 것들을 주실 수가 없다". 당신이 이 네 가지 조건에 관하여 어느 지점에 와 있는지, 하나님께서 당신의 마음을 살펴주시길 기도하라. 당신이 삶 속에서 하나님의 뜻을 원하도록 도와달라고 간구하라!

3 "기도를 밤늦은 시간에 드리는 것이 더 좋다는 건 아니다. 다만 그 시간의 기도에는 진지한 마음과 일상을 넘어 특별한 기도를 드리겠다는 단호한 결심을 들어 있다. 그 특별한 경험 속으로 애써 들어가려는 귀한 영혼이 자정 이후에 그곳에 도달할 가능성은 더 크다." 이 말에 비추어 당신이 지금 어디에 있는지 정직하게 평가해보라. 당신의 헌신은 진지한가? 결심이 확고한가 아니면 그저 무덤덤한가? 기도하며 하나님을 추구하는 영혼들 중 하나가 되기 위해서는 무엇을 해야 할까?

4 토저는 하나님의 선하심과 기도에 관한 레이디 줄리안의 말을 인용한다. 그녀는 "하나님의 선하심은 가장 높은 기도이며, 그것은 우리 필요의 가장 낮은 부분까지 이른다"라고 말했다. 이 심오한 진리에 대해 깊이 생각하고, 토론하고, 기도하라!

CHAPTER 08

조건 없이 기도하라

놀위치의 줄리안이 놀라운 신앙생활을 처음 시작했을 때, 구세주께 기도를 드린 후 이런 지혜로운 말을 덧붙였다.

"또한 저는 아무 조건 없이 이것을 구합니다."

그 마지막 문장이 그녀의 나머지 기도에 능력을 부여했고, 해가 갈수록 홍수처럼 넘치는 응답을 경험하게 해주었다. 하나님이 그녀의 기도에 응답하실 수 있었던 것은 그녀에게 말을 돌려서 하실 필요가 없었기 때문이다. 그녀는 자신의 기도에 어떤 제한 조건이나 단서를 달지 않았다. 어떤 대가를 치르더라도 하나님으로부터 오는 것들을 원했다. 말하자면 하나님은 그녀에게 고지서만 보내시면 되었다. 그녀는 자신의 영혼에 유익하고 하늘에 계신 아버지께 영광이 되는 것을 얻기 위해서라면 어떤 대가도 지불할 것이다. 이것이 진짜 기도다.

우리 중 많은 이들이 주님을 너무 '조심스럽게' 대함으로써 우리의 기도를 망친다. 우리는 그 대가가 적당해야 한다는 암묵적인 이해를 가지고 구한다. 결국 모든 것에는 한계가 그어지고, 우리는 광신도가 되기를 원치 않는다! 우리는 기도 응답으로 무엇이 더해지길 원하지, 어떤 것이 없어지길 원하지는 않는다. 급진적이거나 보통 이상의 것을 원치 않으며, 하나님이 우리의 편의에 맞춰주시기를 원한다. 그래서 모든 기도에 단서를 덧붙여, 하나님이 기도에 응답하실 수 없게 만든다.

지금 같은 세상에서 '용기'는 없어서는 안 될 미덕이다. 겁쟁이는 구석에서 징징거리지만, 용감한 사람은 상을 받는다. 또한 하나님의 나라에서 용기는 이 세상에서만큼이나 꼭 필요하다. 소심한 영혼은 사회 속에 있을 때만큼 무릎을 꿇고 있을 때도 처량하다.

기도실에 들어갈 때 우리는 믿음으로 충만하고 용기로 무장해야 한다. 신앙적인 생각과 활동의 모든 영역에서 가장 용기가 필요한 부분이 바로 기도다. 성공적인 기도는 조건이 없는 기도여야 한다. 우리는 하나님이 사랑이시며, 사랑이신 하나님은 우리를 해치실 수 없고 반드시 우리에게 도움을 주신다고 믿어야 한다. 그다음에 하나님 앞에 엎드려 우리의 유익과 하나님의 영광을 위해 필요한 것을 담대히 구하며, 대가는 개의치 말아야 한다! 하나님이 그분의 사랑과 지혜로 우리에게 무엇을 부과하시든 기쁨으로 받아들이자. 그것이 하나님을 기쁘시게 하기 때문이다. 그와 같은 기도는 응답을 받지 않을 수가 없다. 하나님의 성품과 명성이 기도 응답을 보장해준다.

우리는 하나님의 무한한 인자하심을 늘 마음에 새겨야 한다. 그 누구도 자신의 삶을 하나님의 손에 맡기는 것을 두려워할 필요가 없다. 주님의 멍에는 쉽고 그분의 짐은 가볍다.

* We Travel an Appointed Way, 1988; Camp Hill, PA: WingSpread, 2010 재출간.

토저와 함께 탐색하기

이 장의 제목을 처음 언뜻 보면 기도에 필요한 조건, 이를테면 죄를 자백한 결과로 얻는 청결한 마음이나 순종하는 발, 믿음, 겸손, 성경에 나타난 대로 하나님의 뜻을 따르는 것, 하나님 안에 거하고 그분의 말씀이 우리 안에 거하는 것 같은 조건들이 존재하지 않는다고 생각할 것이다. 그러나 토저가 말하고자 하는 본질은 우리가 기도를 위한 이런 조건들을 충족시켰다는 것, 그리고 우리가 그분께 무엇을 구했다는 것이다.

우리는 그분께 구한 것이 성령의 인도를 따른 것이길 바라면서도 조건을 붙인다. 예를 들면, 어떤 사람의 구원을 위해 기도하면서 하나님이 그 일을 행함에는 다른 사람을 사용하셔야 한다는 조건을 붙인다. 사실 하나님은 우리 안에서 그분의 자비와 능력을 나타내어 "예수의 생명이 또한 우리 죽을 육체에 나타나게"(고후 4:11) 하려고 우리를 깨뜨리길 원하시는 데 말이다. 또는 하나님이 아시는 우리의 적당한 필요에 대해 기도하면서 그 필요는 이렇게 채워주셔야 한다고 조건을 붙인다. 어떤 경우든 우리가 하나님께 구한 것에는 적어도 한 가지 이상의 조건이 달려 있었고, 그 조건은 하나님의 응답을 방해했다.

이와 가장 가까운 관점을 오 할레스비(Ole Hallesby)의 글에서 볼 수 있다.[3]

"믿음과 결합된 무력감이 기도를 낳는다. 만일 믿음이 없다면 우리의 무력감은 한밤중의 공허한 고통의 부르짖음에 불과할 것이다."

이 무력감이 우리로 하여금 하나님을 더욱 의존하게 만들지 않는가? 만일 우리가 아버지께 드리는 요청에 계속 조건을 붙인다면, 우리는 무력해지기가 어렵다. 우리의 요청에 아무 조건이 없다는 것은 우리가 하나님의 사랑과 은혜와 선하심에 의존하고 있음을 의미한다. 그러면 하나님은 관련된 모든 이들과 그분의 영광을 위해 가장 좋은 일을 행하실 것이다. 성령의 인도 아래 믿음으로 아버지께 드리는 간구에 대해 우리의 무력함을 인정할 때 응답이 올 것을 확신할 수 있다. 그리고 그보다 더 중요한 것은, 이 일을 통해 우리가 그분을 더 잘 알게 될 거라는 사실이다.

생각하고 적용하기

1 "또한 저는 아무 조건 없이 이것을 구합니다." 토저가 말하듯이, 이 문장은 줄리안이 드린 기도의 나머지 부분에 능력을 부여했다. 하나님이 그 기도에 응답하실 수 있었던 것은 그녀에게 말을 돌려서 하실 필요가 없었기 때문이다. 그녀는 자신의 기도에 어떤 제한 조건과 단서를 달지 않았다. 어떤 대가를 치르더라도 하나님으로부터 오는 것들을 원했다. 이것이 진짜 기도다!

당신도 하나님과 함께 시간을 보내며 그분께서 당신의 마음과 기도 방식을 살펴주시길 부탁드리라. 당신이 지난 한 달 동안 하나님께 드린 간청들을 생각해보라. 거기에 조건들을 붙이지 않기 위해, 성령의 능력 안에서 당신의 마음과 생각을 민감하게 해주시길 기도하라.

2 많은 그리스도인들이 대가를 지불하려 하지 않는다. 또는 지불할 대가가 합리적이고, 간편하며, 평범하고, 혹은 주류에 속하는 것이길 원한다. 우리는 모든 기도에 단서를 덧붙여서 하나님이 기도에 응답하실 수 없게 만든다. 지난 한 달 동안 당신의 기도나 간구에 덧붙인 단서들을 종이에 적어보라. 하나님 앞에서 마음을 진정시키는 향기로서 이 종이를 태우고 당신의 기도 생활을 변화시켜주시길 그분께 간청하라.

3 당신은 기도 시간에 용기로 무장하고 믿음으로 충만한 자신의 모습을 볼 수 있는가? 그 용기가 어떤 모습으로 나타날지 생각해보라.

4 조건 없는 기도, 대가를 개의치 않는 기도는 하나님의 성품과 완전한 뜻 안에 거하며, 따라서 응답을 받지 않을 수가 없다. 일주일 혹은 하루만이라도 다음과 같은 하나님의 속성 혹은 온전하심을 하나하나 묵상하며 시간을 보내보라. 그것은 하나님의 자족하심, 전지하심, 통치권, 선하심, 전능하심, 편재성, 불변성, 지혜, 거룩하심, 사랑, 은혜, 의로우심, 공정하심, 자비다.

CHAPTER 09

침묵의 힘

시장의 시끄러운 소음과 혼돈 속에서, 또는 거친 싸움의 잔혹함 속에서만 배울 수 있는 진리들이 있다. 그 소란과 고함소리가 가르쳐주는 그들만의 거친 교훈들이 있다. 일과 전쟁의 학교에 한 번도 가본 적이 없거나 태어날 때의 울음소리와 생을 마감할 때의 한숨소리를 들어보지 못한 사람은 없을 것이다.

그러나 영혼이 가장 중요하고 영원한 교훈들을 배우기 위해 가야 하는 또 다른 학교가 있다. 그것은 침묵의 학교다. 시편 기자는 "너희는 가만히 있어 내가 하나님 됨을 알지어다"(시 46:10)라고 말했는데, 거기에는 보편적으로 적용되는 심오한 철학이 있다.

복음주의 그리스도인들 사이에서 기도는 항상 미화된 골드러시(새로 발견된 금광으로 사람들이 몰려드는 것-역자주)로 악화될 위험이 있다. 기도에 관한 거의 모든 책들이 '받는' 부분을 주로 다룬다. 우리가 하나님으로부터 원하는 것들을 어떻게 받을 수 있는지에 관한 내용이 지면의 대부분을 차지한다. 나는 특별한 은사와 혜택들을 구할 때 그것을 기도 응답으로 받을 수 있다는 것을 기꺼이 인정한다. 그러나 가장 고차원적인 기도는 요청하는 기도가 아니라는 사실을 절대 잊지 말아야 한다. 가장 거룩한 순간의 기도는 하나님 안으로 들어가 그분과 거룩한 연합을 이루는 것이다. 그것은 삶의 기적들이 평범해 보이고 놀라운 기도 응답들이 별로 놀랍지 않게 보일 만큼 거룩한 연합이다.

우리보다 더 진지하고 조용한 시간을 가졌던 거룩한 사람들은 침묵의 힘을 잘 알고 있었다. 다윗은 이렇게 말했다.

"내가 잠잠하여 선한 말도 하지 아니하니 나의 근심이 더 심하도다 내 마음이 내 속에서 뜨거워서 작은 소리로 읊조릴 때에 불이 붙으니 나의 혀로 말하기를"(시 39:2,3).

여기에 현대 하나님의 선지자들을 위한 팁이 있다. 입이 열려 있는 동안에는 마음이 좀처럼 뜨거워지지 않는다는 것이다. 어떤 종류의 진리를 받아들이는 데는 하나님 앞에서 굳게 다문 입과 잠잠한 마음이 반드시 필요하다. 누구라도 먼저 듣지 않고서는 말할 자격이 없다.

어떤 그리스도인들에게는 이것이 놀라운 계시가 될 것이다.

그들이 잠깐 동안, 말하자면 그들 자신의 영혼과 교제할 만큼의 시간 동안 완전히 침묵하면서 영원하신 하나님의 깊은 음성에 귀를 기울인다면 말이다. 그 경험이 자주 반복되면 어떤 약보다 더 우리의 궤양을 치료하는 데 도움이 될 것이다.

* The Set of the Sail, 1986; Camp Hill, PA: WingSpread, 2009 재출간.

 ## 토저와 함께 탐색하기

우리는 두 가지 이유로 하나님 앞에서 갖는 침묵의 가치를 모를 가능성이 매우 높다. 첫째, 우리는 하나님이 오늘날에도 여전히 말씀하고 계신다는 것, 그리고 우리가 그 음성을 듣기 위해 홀로 그분 앞에 거해야 한다는 사실을 인식하지 못한다. 빠르게 돌아가는 삶의 소음, 토저가 "사람들이 자신의 생각을 하지 못하게 방해함으로써 그들을 파괴한다"[4]라고 말한 문화, 그리고 하나님 외에 다른 곳에서 의미를 찾으려는 필사적인 움직임과 같은 것들이 하나님의 음성 듣는 것을 방해한다.

나는 대부분의 신자들이 오늘날 부드러운 바람소리 같은 하나님의 음성을 들을 수 있을지 진심으로 의심스럽다. 그들의 관심을 사로잡으려면 토네이도나 지진, 불과 같은 것이 필요할 것이다(왕상 19:11-13, 엘리야와 하나님의 만남을 보라). 어쩌면 그때에도 우리는 우두

커니 서서 "왜 접니까?"라고 물으며, 여전히 그 안에서 하나님을 보거나 그분의 음성을 듣지 못할 수도 있다.

둘째, "종교는 소음이나 크기, 활동, 큰 고함소리가 어떤 사람을 하나님께 소중한 존재로 만든다는 거대한 이단을 받아들인" 것 같다.[5] 이 소음과 크기와 활동은 모두 우리를 고독과 침묵에 둔감해지게 만드는 경향이 있다는 걸 이제 깨달아야 한다. "너희는 가만히 있어 내가 하나님 됨을 알지어다"(시 46:10)라는 하나님의 말씀을 기억하라. 우리가 여러 가지 간섭과 요구, 심지어 전자 장치들로부터 격리되어 가만히 있기 위해서는 하나님의 도움이 필요하다. 그런 것들은 오직 하나님께 드려져서 우리 삶의 적절한 자리에 있을 때에만 유익하다. 큰 싸움과 혼란-변화, 하락, 솟아남, 흔들림-속에서 하나님은 "너희는 가만히 있어 내가 하나님 됨을 알지어다"라고 말씀하신다. 토저는 이것을 "마치 하나님께서 우리의 힘과 안전이 소음 속에 있지 않고 고요함 속에 있다는 것을 말씀해주시려는 것 같다"라고 해석한다.[6]

하나님 앞에서의 고독 또는 잠잠함이 없으면, 침묵의 힘을 기를 수가 없다. 본질적으로 우리는 어떤 혜택들을 구하는 요청으로 가득한 기도를 드리고, 만물의 하나님이자 그 혜택들의 배후에 계신 은인은 보지 못한다. 오직 한 명의 사마리아인만 문둥병이 낫는 것보다 더 큰 것을 원했다는 사실을 기억하라. 즉 그는 구세주를 알기 원했다. 그래서 다시 돌아와 하나님께 영광을 돌리고, 그분께 예배하며 감사드렸다(눅 17:11-21). 다른 아홉 명의 문둥병자들은 단지 자기들이 원하는 것을 얻었을 뿐이지만, 그 한 명은 훨씬 더 많은 것을 얻었다. 즉 구세주와 더 자라난 믿음을 얻은 것이다.

게다가 은혜의 보좌 앞에서 보내는 고독과 침묵의 시간이 줄어들면 우리의 신앙생활이 미묘하게 쇠퇴하기 시작한다. 하나님 앞에서 보내는 고독한 시간이 줄어들수록 우리의 기도에서 '받는 부분'에 초점을 두는 경향이 더 커진다. 그리고 그것을 받지 못하면 기도할 가치가 없다는 거짓말에 더 쉽게 속아 넘어간다. 그러면서 신자의 개인적인 삶 속에서 고독한 시간이 줄어들고, 구하는 것도 줄어든다. 또는 구한 것을 받을 거라는 믿음도 줄어들고, 결국엔 하나님 앞에서 보내는 시간이 점점 더 짧아질 것이다.

1 하나님께 무엇을 받고자 하는 사고방식을 어떻게 피할 수 있을까? 어떻게 하면 하나님 그분에게 좀 더 초점을 두도록 우리의 기도 생활을 재설계할 수 있을까? 일주일에 하루는 아무것도 간구하지 말고 은혜의 보좌 앞에서 시작해보라. 더 좋은 의견이 있다면 시도해보아도 좋다.

2 토저는 "어떤 종류의 진리를 받아들이는 데는 하나님 앞에서 굳게 다문 입과 잠잠한 마음이 반드시 필요하다"라고 말한다. 하나님 앞에서의 침묵이 복음주의자들과 하나님의 말씀을 가르치는 교사뿐만 아니라 모든 신자들에게, 또한 하나님의 영광을 위해 자신의 영적 은사를 사용하기 원하는 이들에게 반드시 필요한 이유는 무엇인가?

3 그리스도와 동행하면서, 영원하신 하나님의 깊은 음성을 들었던 적이 있는가? 지금 그 일이 일어나지 않고 있거나 매우 드물게 일어난다면, 그리고 당신이 다시 그때로 돌아가기 원한다면 올바른 방향으로 은혜의 단계들을 제시해줄 멘토와 함께 시간을 보내보라. 많은 기도와 하나님의 말씀을 묵상하는 시간, 그리고 반드시 필요한 회개를 당신의 걸음에 추가하라!

오랜 기도에도
응답이 없을 때

오랜 기간 드린 기도에 응답이 주어지지 않을 때, 실망의 냉기가 기도하는 사람들 위에 머물게 된다. 구하고 구하고 또 구하면서도 구하는 것을 받게 될 거라고 기대하지 않고 심통 난 어린아이들처럼 계속 징징거리기만 한다면 우리의 내면은 차갑게 식을 것이다. 만일 우리가 계속 기도함에도 응답을 받지 못한다면 우리 마음의 자연적인 불신을 확고하게 굳혀버릴 것이다.

그때 이것을 기억하라. 인간의 마음은 본래 불신으로 가득했다. 인간의 첫 번째 죄는 불순종이 아닌 불신이었다. 불순종은 제일 처음 기록된 죄였지만, 불순종의 행위 뒤에는 불신의 죄가 있었다. 그렇지 않았다면 불순종의 행위가 나타나지 않았을 것이다.

또한 응답되지 않는 기도는 '신앙은 비현실적'이라는 생각을 부추길 것이다. 이것은 이 시대를 살아가는 많은 사람들이 가지고 있는 생각이다. "종교는 완전히 주관적인 것이다. 종교에 관해서는 현실적인 부분이 아무것도 없다"라고 그들은 말한다.

실제로 신앙을 나타낼 수 있는 유형적인 것이 존재하지 않을 수 있다. 만일 내가 '호수'라는 단어를 말하면 사람들은 큰 물웅덩이를 떠올릴 것이다. 내가 '별'이라는 단어를 사용하면 모두가 천체를 생각할 것이다. 그러나 내가 '믿음'이나 '신앙', '하나님', '천국'과 같은 단어들을 사용하면 사람들이 마음에 즉시 떠올릴 수 있는 어떤 실체의 이미지가 없다. 대부분의 사람들에게 그것은 그저 말에 불과하다. 도깨비나 요정, 마귀들처럼 말이다. 따라서 우리가 기도를 반복함에도 응답을 받지 못할 때, 우리 마음속에는 비현실성에 대한 잘못된 생각이 자리 잡는다.

아마 가장 나쁜 것은 우리가 기도에 실패함으로써 원수가 현장을 장악하도록 만든다는 사실일 것이다. 군대가 힘을 잃어버릴 때 일어나는 가장 나쁜 일은 사람들을 잃거나 체면을 잃는 것이 아니라 적군이 현장을 장악하게 된다는 것이다. 영적인 의미에서 이것은 비극이자 재앙이다. 마귀는 항상 승산 없는 싸움을 하며 도망 다녀야 한다. 그런데 이 불경스러운 원수가 잘난 체하고 경멸하면서도 자기 자리를 지키고 있고, 하나님의 사람들은 그가 그렇게 하도록 내버려둔다고 해보자. 그때 하나님의 일이 매우 지체되는 것은 당연하다. 그러니 하나님의 일이 제자리에 머물러 있는 것도 결코 놀라운 일은 아니다!

＊ Faith Beyond Reason, 1990; Camp Hill, PA: WingSpread, 2009 재출간.

 ## 토저와 함께 탐색하기

응답 없는 기도의 위험에 대한 이 짧은 글은 교회를 겨냥하고 있는 것처럼 보이지만, 개개인의 신자에게도 비슷하게 적용된다. 기도가 계속해서 응답되지 않을 때 우리의 마음을 가득 채우는 것은 낙심과 불신만이 아니다. 하나님과 그분의 말씀으로부터 멀어지거나, 스스로의 노력으로 응답에 영향을 미치려고 시도하기 시작한다. 그 결과는 성경적인 기도가 점점 줄어들고 하나님이 우리의 기도를 이루어주시도록 도우려는 자신의 노력이 점점 더 많아지는 것이다. 그뿐 아니라, 우리가 원래 간청한 것에 대한 해답을 스스로 찾으려고 애쓰면서 하나님이 '아니다', '아마도 나중에', 또는 '그래'라고 응답하셨다는 깊은 기만이 우리의 마음과 생각 속에 생겨난다.

그러나 응답되지 않은 우리의 많은 기도들이 잘못된 동기로 구한 결과일 가능성도 있지 않은가? 야고보서 4장 3절은 "구하여도 받지 못함은 정욕으로 쓰려고 잘못 구하기 때문"이라고 말한다. 또한 응답받지 못하는 기도의 다른 원인은 우리가 하나님 앞에서 처리하지 않는 죄(개인적인 죄나 공동의 죄, 또는 둘 다) 때문일 수 있다(시 66:18). 그 죄는 오래 지속되어온 것이거나 최근의 것일 수 있다. 하나님은 그것을 명확히 하신다.

"너희가 내 안에 거하고 내 말이 너희 안에 거하면 무엇이든지 원하는 대로 구하라 그리하면 이루리라"(요 15:7).

성령의 능력 안에서 하나님 말씀에 순종하는 행위가 기도 응답을 받는 데 매우 중요하는 뜻이다.

응답되지 않는 기도는 때로 아무런 결과도 주어지지 않을 때에도 우리가 여전히 하나님을 의지하는지를 알아보기 위한 하나님의 의도적인 행동일 수 있다는 걸 말해두어야겠다. 욥은 하나님의 부재를 느낄 때에도 여전히 하나님을 의지하는 모습을 보인다. 그 구절은 낙심에서 시작해 믿음으로 끝맺는다.

"그런데 내가 앞으로 가도 그가 아니 계시고 뒤로 가도 보이지 아니하며 그가 왼쪽에서 일하시나 내가 만날 수 없고 그가 오른쪽으로 돌이키시나 뵈올 수 없구나 그러나 내가 가는 길을 그가 아시나니 … 내가 그의 길을 지켜 치우치지 아니하였고 내가 그의 입술의 명령을 어기지 아니하고 정한 음식보다 그의 입의 말씀을 귀히 여겼도다"(욥 23:8-12).

이 특별한 상황은 좀 더 성숙한 신자들에게 발생하며, 토저가 말하는 것과는 다르다. 교회나 신자의 자연적인 성장에는 반드시 응답되는 기도가 있어야 한다. 그런 것이 없거나 오랫동안 기도 응답을 받지 못할 경우 교회나 신자는 하나님께 자신의 마음과 동기를 살피사 깨끗하지 못한 부분들을 드러내달라고 간구하는 시간을 가져야 한다. 하나님이 죄를 드러내셨으면 우리는 그것을 고백하고, 그분의 용서를 구하며, 그분의 뜻 안에서 앞으로 나아가야 한다. 그렇게 하지 못하면 응답받지 못하는 기도가 더 많아질 것이고, 절망과 불신은 더 쌓여갈 것이다.

1 토저는 성도들 가운데 오랫동안 응답받지 못한 기도가 있으면 "실망의 냉기가 기도하는 사람들 위에 머물 것"이라고 말한다. 개개인의 신자들에게도 마찬가지다. 이런 상황을 어떻게 평가하는가? 성도들 안에, 또는 개인적인 신자의 삶 속에 있는 죄가 기도 응답을 방해하고 있는 것인가? 때로는 사울과 그의 피 흘린 집이 하나님의 언약 아래 있던 기브온 사람들을 죽게 했던 것처럼 오래전의 죄 때문일 수도 있다. 그 결과 "다윗이 여호와 앞에 간구하며"(삼하 21:1) 문제점과 하나님의 해결책을 알아낼 때까지 3년 동안 기근이 있었다. 혹은 응답되지 않은 기도들이 이어지기 직전에 발생한 죄 때문일 수도 있다. 그래서 토저는 《The Warfare of the Spirit》에서 이렇게 말했다.

"교회는 믿음 안에 있는지 계속해서 자신을 살펴야 한다. 진심으로 속죄하려는 자세로 엄격한 자기비판에 가담해야 한다. 전심으로 하나님을 구하며 지속적인 참회의 마음으로 살아야 한다. 계속해서 성경에 비추어 자신의 삶과 행동을 점검하고 자신의 삶을 하나님의 뜻에 맞추어야 한다."[7] 이는 개인에게도 적용된다. 기도 응답을 받지 못하는 기간이 길어지기 전에 당신의 사고방식과 마음의 방향이 어떠했는지, 하나님 앞에서 스스로 질문해 보라.

2 응답받지 못하는 기도에 대한 또 다른 가능성은 교회나 개별적인 신자의 삶이 서서히 거룩함과 순종에서 멀어져 더 세상적이고 비성경적인 생각과 행동을 향해 움직인 것이다. 한 가지 사건을 정확히 집어내기는 어려울 수 있다. 그 경우 우리는 하나님께 우리의 마음과 삶을 살피시고 우리의 처음 사랑을 회복시켜 달라고 간구해야 할 것이다(계 2:4). 그분은 우

리를 회복시키실 수 있으나, 우리에겐 문제를 정확하게 짚어주고 회복의 과정을 시작하도록 도와줄 다른 사람들이 필요할 것이다. 이것에 대해 기도하고, 우리와 함께 이 회복의 시동을 걸어줄 사람에 대해 기도하라.

3 "너희는 믿음 안에 있는가 너희 자신을 시험하고 너희 자신을 확증하라"(고후 13:5). 우리는 자신이 믿음 안에 있는지, 또는 믿음으로 행하고 있는지 시험해 보아야 한다. 이 믿음과 불신의 문제에 있어서 성령 하나님께 성경을 통해 당신의 마음을 드러내달라고 간구하라.[8]

4 틀림없이 하나님이 기도에 응답해주지 않으시고, 우리의 기쁨이 흐릿해지며, 하나님의 임재가 약하게 혹은 전혀 느껴지지 않는 메마른 날들이 올 것이다. 그런 시간들은 우리가 주권자 하나님에 대한 믿음을 발휘할 것을 요구할 것이다. 당신이 그런 상황에 처한 적이 있다면 하나님이 당신을 인도하신 과정을 돌아보거나 이에 대해 나누어보라.

그러나 이 글에서 응답받지 못하는 기도에 대한 토저의 초점은 이런 경우가 아닌 것 같다. 대신 응답되지 않는 기도는 별로 진지하지 않은 신자와 불신자에게 종교가 비현실적이고 주관적인 것이라는 생각을 더 강화시켜 줄 것이다. 그러면 그리스도의 명분이 손상된다! 혼자서 하든 그룹 내의 다른 사람들과 같이 하든, 교회 때문에 그리스도의 이름이 더럽혀지는 경우와 개별적인 신자로 인해 그리스도의 이름이 더럽혀지는 경우를 적어도 세 가지씩 적어 보라.

5 "아마 가장 나쁜 것은 우리가 기도에 실패함으로써 원수가 현장을 장악하도록 만든다는 사실일 것이다." 토저는 이것이 비극이요 재앙이라고 말한다. 마귀는 계속 도망 다니며 방어해야 마땅하기 때문이다. 그런데 하나님의 백성은 그들이 영역을 장악하고 하나님의 일이 더 제지를 받도록 내버려둔다. 떠올리면 고통스럽겠지만, 당신의 기도 실패로 원수가 삶과 사역과 관계 속에서 영역을 장악하게 된 때가 있었는가를 기억하는가? 그때 당신의 반응은 어떠했으며 지금은 어떠한가?

PART 2

포기하지 말고
기도하라

■

PRAY AND
DO NOT GIVE UP

PRAY AND DO NOT GIVE UP

CHAPTER 11

기도의 유익

"전능자가 누구이기에 우리가 섬기며 우리가 그에게 기도한들 무슨 소용이 있으랴"(욥 21:15).

욥기에 나오는 한 회의론자의 질문으로, 전체적인 어조를 볼 때 수사적인 질문임을 알 수 있다. 의심하는 자는 이 질문에 답이 있을 수 없다고 믿었고, 거만하게 질문을 던진 후에는 빌라도처럼 대답을 기다리지 않고 돌아섰다. 그러나 우리에겐 답이 있다. 하나님께서 친히 그 답을 주셨고, 시대의 보편적 합의를 통해 거기에 "아멘"을 덧붙였다.

히브리서 11장에는 믿음이 그 소유자들에게 주는 유익들이 길게 나열되어 있다. 의롭다 함을 받는 것, 구원, 신실함, 인내, 원수들을 이김, 용기, 힘, 죽음에서 부활하는 것 등이다. 또한 믿음과 진실한 기도는 동전의 양면과 같기 때문에 믿음의 속성들은 기도의 속성들과 같을 것이다.

사람들은 믿음 없이도 기도할 수 있다(물론 이것은 참된 기도가 아니다). 하지만 믿음이 있는데 기도하지 않는다는 것은 생각할 수 없는 일이다. 성경은 '믿음의 기도'(The prayer of faith)를 말한다. 여기서 기도와 믿음은 전치사 '–의'(of)로 연결되어 있으며, 하나님이 하나 되게 하신 것을 인간이 갈라놓을 수는 없다. 믿음은 오직 기도로 이어질 때만 진실하다.

테니슨(Tennyson)이 "이 세상이 상상하는 것보다 더 많은 일들이 기도에 의해 일어나고 있다"라고 말했을 때, 그는 자신이 이해한 것보다 훨씬 더 중요한 진리를 말한 것이다. 어떤 기도가 하나님이 행하시는 일의 원인이 되었는지를 항상 찾아낼 수는 없지만, 하나님이 사람의 아들들을 위해 행하시는 모든 일의 배후에 기도가 있다고 말해도 무방하다. 단순히 성경을 한 번 읽기만 해도 많은 증거를 찾아낼 수 있을 것이다.

기도에는 어떤 유익이 있는가? 모든 면에 많은 유익을 준다. 하나님이 행하실 수 있는 일이라면 무엇이든 믿음으로 할 수 있고, 믿음으로 할 수 있는 일은 무엇이든 기도로 할 수 있다. 단, 믿음으로 기도를 드렸을 때 그렇다. 따라서 기도로의 초대는 전능함으로의 초대다. 기도는 전능하신 하나님을 끌어들이고 그분이 인간사에 관여하시도록 하기 때문이다. 하나님께 불가능한 것이 없듯이, 믿음으로 기도하는 자에게는 불가능한 것이 없다. 이 세대는 아직까지도 기도가 믿는 자들을 위해 할 수 있는 모든 일들을 다 증명하지 못했다.

조지 뮬러(George Mueller)는 믿음은 사용할수록 성장한다고 말했다. 큰 믿음을 가지려면 이미 가지고 있는 작은 믿음을 사용하기 시작해야 한다. 경건하고 신실한 기도를 실천하면, 그것이 자라서 날마다 더 강해질 것이다. 오늘 작고 일상적인 일에서 하나님을 믿으면, 다음 주나 다음 해에는 거의 기적에 가까운 응답을 주실 하나님을 믿게 될 것이다. 또한 뮬러는 모든 사람에겐 믿음이 있다고 말했다. 다만 정도의 차이가 있을 뿐이며, 작은 믿음을 가진 사람이 자신의 믿음을 담대히 행하지 않았기에 드러나지 않을 뿐이다.

성경에 따르면, 우리는 구하기 때문에 받고 혹은 구하지 않기 때문에 받지 못한다. 우리가 어떻게 행동해야 하는지를 아는 데 많은 지혜가 필요하지는 않다. 그것은 바로 응답이 올 때까지 기도하고, 또 기도하는 것 아니겠는가?

하나님은 그분의 백성을 위해 능력을 나타내실 곳으로 초대받기를 기다리고 계신다. 하나님은 세계의 상황을 충분히 바로 잡아주실 수 있다. 기도에 실패함으로써 세상을 실망시키고 하나님을 실망시키지 말자.

* The Set of the Sail, 1986; Camp Hill, PA: WingSpread, 2009 재출간.

욥기 21장 15절에서 욥이 소발에게 한 말 "전능자가 누구이기에 우리가 섬기며 우리가 그에게 기도한들 무슨 소용이 있으랴"라는 말의 본질을 이해하려면 먼저 욥의 세 친구를 이해해야 한다. 빌닷은 피상적인 사람으로서, 모든 것이 단지 두 종류의 사람과 관련하여 설명될 수 있다고 믿었다. 즉 흠 없는 사람과 남모르게 악한 사람들이다. 더 나아가, 그의 말은 두 종류의 사람이 겉보기엔 똑같지만 하나님께서 첫 번째 사람들은 번성케 하시고 두 번째 사람들을 멸하심으로써 구별하신다는 사실을 나타낸다. 다른 두 친구, 소발과 엘리바스는 앤더슨(Anderson)에 의해 다음과 같이 적절히 묘사된다.

소발의 믿음이 편협함을 나타내는 증거로서, 그의 말(욥기 20장)에는 악인이 회개하고, 보상하고, 다시 하나님의 호의를 입을 수 있다는 암시가 담겨 있지 않다는 점을 지적할 만하다. 소발은 동정심이 없고 그의 신은 자비가 없다. 그에 반해 엘리바스는 좀 더 인간적이고 복음주의적이다. 또한 소발은 사실상 그가 비난하는 악한 사람과 다를 바 없는 물질주의자다. 그는 '소유물'(28절)을 빼앗는 것을 심판으로 여긴다. 이생에서든 사후에서든 하나님과의 교제를 상실하는 것이 그에게는 훨씬 더 나쁜 운명으로 느껴지지 않는다. [9]

물질주의자인 소발에 대한 욥의 답변은 재산이나 물질, 이 세상의 영광에 투자한 사람들은 기도의 어떤 유익도 알지 못할 거라는 말이었다. 마찬가지로, 오늘날의 불신자나 물질주의적인 신자들도 기도의 가치를 거의 발견하지 못할 것이다.

첫째, 정직한 자는 하나님께 드려지는 기도의 유익을 보아야 한다: "정직한 자의 기도는 그가 기뻐하시느니라"(잠 15:8). 믿음으로 드리는 기도는 하나님을 높이고 기쁘게 해드린다는 점에서 하나님께 유익이 된다. 둘째, 신자에게도 유익이 있다. 하나님에 대한 그의 믿음이 자랄수록 하나님과 그의 관계는 더 강해지고, 하나님이 그를 위해 하신 일들에 대해 다른 사람들에게 말하고자 하는 열정이 식지 않는다. 토저는 이 부분에서 믿음과 기도를 적절하게 연관시킨다.

우리는 기도해야 한다. 만일 그렇지 않으려면 기도하지 않을 때 얻을 수 있는 유익이 무엇인지 스스로에게 한번 질문해야 하지 않겠는가?

1 최근에 당신이 하나님 앞에 드린 기도 중 얼마나 많은 것들이 헛된 반복이거나 단순히 어떤 일들이 어떻게 되길 바라는 것에 불과했는지 생각해보라. 우리는 옛 자아를 벗고 "새 사람을 입었으니 이는 자기를 창조하신 이의 형상을 따라 지식에까지 새롭게 하심을 입은 자"(골 3:9,10)이다. 그것은 모두 믿음에 의한 것이다! 따라서 우리의 기도 생활은 신앙생활의 참된 지표가 된다. 이 말을 깊이 묵상해보라.

2 하나님이 행하신 기적에 당신의 기도가 중요한 역할을 했던 경우가 있었는가? 혹은 누군가 당신을 위해 기도해주었던 때와 그로 인한 기적적인 응답들을 떠올려보라. 그리스도인의 삶에는 두 가지 일들이 모두 있어야 한다. 이것이 부족하다는 것은 우리 믿음의 연약함을 나타내며, 잃어버린 세상을 향한 우리의 빛도 희미해지게 한다. 이러한 경험을 잃어버렸다면 어디서부터 되찾을 수 있을까?

3 기도와 그 속에 담긴 유익에 대해 진지하게 알고 싶다면, 기도에 관해 당신의 멘토가 되어줄 수 있는 좀 더 성숙한 신자들을 찾으라. 또한 다음 한 주 동안 당신이 경험하거나 보게 되는 기도의 유익들을 기록해보라. 그리고 하나님께 당신의 눈을 열어주셔서 하늘나라의 유익들을 보게 해주시길 기도하라.

4 토저는 "큰 믿음을 가지려면 이미 가지고 있는 작은 믿음을 사용하기 시작해야 한다"라고 했다. 오늘 시작하라! 당장 이번 주에 있을 작고 일상적인 일들에 대해 하나님을 신뢰하기 시작하고, 앞으로 한두 달 동안은 다른 일들에 대해, 올해나 다음 해 동안은 또 다른 일들에 대해 하나님을 신뢰해보라. 기도일지를 작성하면서, 하나님께 당신의 마음에 응답들을 새겨주셔서 다른 사람들에게 그것을 나누며 그들을 격려하고 그리스도께 인도할 수 있게 해주시길 간구하라. 그리고 6개월 후, 기도의 유익에 대해 다시금 깊이 생각해보라!

원하는 것을 얻기 위한
세 가지 방법

'소원'(wish)이라는 단어는 오늘날 그리스도인들 사이에서는 거의 혹은 전혀 사용되지 않는다. 성경에도 거의 나오지 않으며, 원하거나 바라는 것 이상의 의미를 갖는 경우는 거의 없다. 소망보다 더 무용한 것도 생각하기 어렵다. 중요한 것은 소원을 비는 일이 대부분 어린아이들이나 미신을 믿는 사람들이 행하는 일이라는 것이다.

어린아이가 소원을 비는 작은 의식을 행하는 것이 아무리 사랑스럽고 순진해 보여도, 그것이 성인의 삶까지 이어지면 해로운 것이 될 수 있다. 어린아이도 소원을 빌어봐야 아무 소용없다는 걸 일찍부터 배워야 한다.

공허한 바람이 악한 것은 그 바람을 가진 사람이 하나님의 뜻에 따르지 않는다는 사실에 있다. 그는 자신을 위한 하나님의 뜻에서 완전히 벗어나는 것들을 갈망하고, 자신이 소유하지 말아야 한다고 알고 있는 것들을 소유하는 꿈을 꾼다. 이 헛된 꿈에 5분만 빠져 있어도 영적인 삶의 예리함을 상실한다. 그 행위가 습관으로 발전하면 그의 신앙생활은 심각한 손상을 입을 것이다. 그는 곧 열심히 노력하는 대신 그저 갈망만 하게 된다. 그가 자신의 잘못을 예리하게 바로잡지 않으면 줏대 없이 헛된 꿈만 꾸는 사람으로 전락하고 말 것이다.

모든 갈망은 하나님의 뜻의 시험을 통과해야 한다. 그 갈망이 하나님의 뜻에서 벗어나는 거라면 즉시 우리에게 가치 없는 것으로 여겨 묵살해야 한다. 명백하게 우리를 위한 하나님의 뜻이 아닌 것을 계속 갈망하는 것은 우리의 성별(聖別)이 사실상 실제적이지 않다는 것을 입증하는 것이다.

그러나 갈망하는 대상이 타당하고 무고한 것이라면, 그것을 얻기 위한 세 가지 방법이 있다. 첫째는 그것을 위해 열심히 노력하는 것, 둘째는 그것을 위해 기도하는 것, 그리고 셋째는 그것을 위해 노력하고 기도하는 것이다. 이것은 하나님이 그분의 백성에게 좋은 선물을 주시는 명확한 방법들이다. 그것들을 서로 혼동해선 안 되며, 실생활에서 구별해야 할 것이다.

어떤 것들은 우리에게 가능성의 영역을 완전히 벗어나 있으나, 전적으로 우리를 위한 하나님의 은혜로운 뜻 안에 있다. 그러면 무엇을 해야 하는가? 기도가 직접적인 답이다. 그 불가능한 것들이 우리의 최고의 선을 위한 하나님의 영원한 뜻의 일부일 때 하나님은 우리가 불가능한 것들을 위해 그분께 나아가야 하도록 계획하셨다. 그런 상황에서 우리는 믿고 순종하는 자녀의 모든 담대함과 열정으로 계속 그분께 간구해야 한다. 하나님은 그러한 기도를 사랑하시며, 그분이 우리의 기도를 들으시고 적절한 때에 응답을 보내주실 거라고 믿을 만한 충분한 근거를 우리에게 주셨다.

어떤 것들은 단순한 노력을 통해 얻을 수 있다. 우리가 적절한 지도를 받아 약간의 노력으로 얻을 수 있는 것을 하나님께 간구하는 것은 쓸데없는 것이다.

성숙한 그리스도인이라면 자신의 능력으로 얻을 수 있는 것들을 위해 기도하는 데 시간을 허비하지 않을 것이다. 그렇게 하는 것은 자신을 속이는 것이고 전반적인 기도의 개념을 웃음거리로 만드는 것이다.

노력으로 그것을 얻을 수 있다면 우리는 노력해서 그것을 얻든지 아니면 그것 없이 지낼 수도 있다. 하나님은 우리가 스스로 얻을 수 있는 것을 위해 아무 노력도 하지 않을 때 그냥 그것을 우리에게 공급해주심으로써 우리의 범죄에 기여하지 않으실 것이다.

그러나 노력만으로는 결코 얻을 수 없는 갈망의 대상들로 구성된 범주가 있다. 그것들은 우리의 손이 닿지 않을 만큼 멀리 있어서 우리가 그것을 얻으려면 초자연적인 무언가가 필요하지만, 또한 우리가 그것을 얻기 위해 노력해야 할 만큼 가까이 있다. 이것은 결국 노력과 기도로 귀결되며, 우리가 바라는 대상과 목표들이 대부분 이 범주에 해당한다는 사실을 알게 될 것이다. 그리고 이런 상황은 우리를 하나님께 더 가까이 이끌며 하나님의 동역자가 되게 한다.

우리의 소원이 닫힌 분야를 여는 것이든, 적대적인 무리를 이기는 것이든, 더 좋은 직장을 구하는 것이든, 새 교회를 짓는 것이든, 성공적인 회의를 이끄는 것이든, 가족을 부양하는 것이든, 어떤 학교에 합격하는 것이든, 거의 무한한 수의 적법한 일들 중 하나를 행하는 것이든, 그 방법은 아마 노력과 기도의 두 부분으로 되어 있을 것이다.

심슨 박사(Dr. Simpson)의 유명한 권고를 다른 말로 풀어서 말하자면, 우리가 노력해야 하지만 우리 혼자서는 결코 해낼 수 없는 이런 경계선상의 임무들에 직면할 때가 있다. 그럴때 우리가 해야 할 일은 그 일을 하기 위한 모든 것을 갖춘 것처럼 노력하고 하나님이 그 모든 일을 하시길 기대하는 것처럼 기도하는 것이다.

헛된 꿈을 꾸는 자들이 있다면 그들이 원하는 것에 그들의 시간을 쓰게 하라. 우리는 결코 그런 쓸모없는 일에 우리의 시간과 노력을 허비하지 않을 것이다.

＊ The Next Chapter after the Last, 1987; Camp Hill, PA: WingSpread, 2010 재
출간.

 **토저와 함께 탐색하기**

토저는 어떤 바라는 대상이나 상황에 대한 소원을 품는 것은 기도가
아니라고 옳게 지적한다. 그것은 보통 하나님의 뜻과 하나님의 때에
순종하게 만들지 않기 때문이다. 어린아이들이 소원을 갖는 것은 귀
여울지 모르나 그들도 소원이 자신을 어느 곳에도 데려가주지 않는
다는 것을 아주 일찍부터 배워야 한다.

그러나 바라는 대상이나 상황이 적합한 것이라면(즉 하나님의 말씀
과 반대되는 것이 아니라면) 그것에 도달하는 세 가지 방법이 있다.
바로 노력, 기도, 또는 기도와 노력이다(노력과 기도에서 강조점이 바
뀐 것을 주목하라). 그러나 우리가 원하는 것을 얻는 이 세 가지 방법
을 살펴보기 전에 먼저 기도에 관한 기초를 단단히 해야 한다.

사도행전 6장 4절에서 초대 교회의 지도자들은 그들이 '기도하는 일
과 말씀 사역에 힘써야' 한다는 것을 인식했다. 로마서 12장 12절에
서 신자들은 소망 중에 즐거워하며 환난 중에 참으며 '기도에 항상 힘
쓰도록' 권면을 받는다. 또다시 골로새서 4장 2절에서 바울은 성령의
인도하에 "기도를 계속하라"라고 말한다. 이것은 지도자들뿐만 아

니라 모든 신자들에게 적용되는 것이다. 이 말은 기도를 꾸준히 계속하고 부단히 관심을 가지며, 가끔씩 혹은 단기간 동안이 아니라 지속적으로 믿음의 삶을 살라는 뜻이다.

골로새서 4장 2절에서는 기도를 계속하라는 말 뒤에 "기도에 감사함으로 깨어 있으라"라는 말이 나온다. 이렇게 반드시 깨어 있어야 하는 이유는 기도하다가 주의가 산만해지기 쉽기 때문이다. H. M. 카슨은 깨어 있는 것과 기도에 대해 다음과 같이 말했다.

> 깨어 있는 것은 피해야 할 위험이 있음을 암시하며, 그 위험은 두 가지 주요 영역에서 온다. 악한 자는 신자를 부주의하게 만들어, 기도의 실천을 소홀히 하게 만든다. 또 다른 한편으로는 그의 마음을 무디게 하거나 생각을 산만하게 만든다. 따라서 깨어 있다는 것은 이 지속적인 사역에 주의를 기울이는 것을 의미하며, 또한 그것의 실행에 온 마음을 집중하는 것을 포함한다.[10]

따라서 신자가 기도에 헌신하는 것은 아버지 하나님과의 지속적인 교제에서 비롯되며, 숨 쉬는 것만큼 일상적인 일이다. 결론은 신자에게는 기도가 모든 것을 뒷받침한다는 것이다. 그가 노력해야 하는 상황, 너무나 불가능해서 그가 할 수 있는 일이 기도밖에 없고 기도하는 법을 알기 위해 하나님의 지혜가 필요한 상황, 그리고 기도와 노력이 거룩한 균형을 이루고 시기적절하여 하나님이 항상 그분이 하시는 일에 대해 영광을 받으셔야 하는 상황이 있다.

소원은 하나님을 제외시키나 기도는 하나님의 말씀과 성령의 인도를 따라 행할 때 하나님을 방정식과 해답에 포함시킨다는 것을 명심해야 할 것이다.

생각하고 적용하기

1 하나님이 당신의 기도에 응답해주신 '불가능한' 상황들을 생각해보라. 하나님의 응답을 받은 상황과 시기들의 공통점은 무엇이었는가? 과거의 이 불가능한 상황들은 당신이 오늘 기도하도록 격려하는가?

2 성경은 "너희가 먹든지 마시든지 무엇을 하든지 다 하나님의 영광을 위하여 하라"(고전 10:31)라고 했다. 그것은 우리가 원하는 것들을 얻기 위해 노력하는 가장 단순한 측면에서도 아버지와의 연관성을 계속 유지하면서 그분을 기쁘게 해드리고, 영광을 돌리고, 우리의 단순한 일의 모든 면에서 지혜를 얻기 위해 그분께 귀를 기울여야 한다는 뜻이다.

나는 많은 사업체들을 위해 컴퓨터를 관리하고 수리하셨던 내 아버지를 기억한다. 그는 모든 훈련을 받았고 자신의 일을 즐기셨다. 그러나 단순한 작업을 하다가 우연히 문제들을 발견하여 어떤 컴퓨터 매뉴얼에도 없는 문제를 해결해야 할 때가 여러 번 있었다. 그런 상황에서 아버지는 기도하셨고, 하나님이 기술적인 문제에 대한 독특한 해법을 보여주시곤 했다. 하나님은 우리가 매일 하는 단순한 일들 속에서도 하나님과 늘 연결되어 있길 원하신다!

이번 주에 당신이 단순한 일을 하다가 기도했던 순간들을 생각해보라. 그 기도의 규모는 어떠했는가? 당신의 일 속에서 그런 '화살' 기도의 빈도는 어떠했는가? 앞의 질문에 대한 당신의 대답은 하나님에 대한 당신의 의존의 본질을 어떻게 나타내는가?

3 원하는 것을 얻는 세 번째 범주는 노력과 기도로 귀결된다. "우리가 바라는 대상과 목표들이 대부분 이 범주에 해당한다는 사실을 알게 될 것이다. 그리고 이런 상황은 우리를 하나님께 더 가까이 이끌며 하나님의 동역자로 만든다." 개인적으로 나는 기도가 첫째고 그다음이 노력이라고 생각한다. 하지만 그 노력이 완성을 향해 가고 신자가 하나님께 더 가까이 다가가려면 이 순환의 지속적인 반복이 필요하다. 그렇지만 악한 자는 우리가 기도 생활에 부주의하고, 마음이 둔해지고 산만해지길 원한다는 것을 인식하고 있어야 한다. 기도와 노력이 그리스도 안에서 당신의 삶에 깊이 뿌리내렸던 때를 기억할 수 있는가? 지금 당신의 기도와 노력을 그때와 비교해보라. 또는 골로새서 4장 2-6절에 비춰보는 것이 더 좋겠다.

4 A. B. 심슨 박사의 말을 곰곰이 생각해보라. "우리가 노력해야 하나 우리 혼자서는 결코 해낼 수 없는 이런 경계선상의 임무들에 직면할 때 해야 할 일은 우리가 그 일을 하기 위한 모든 것을 갖춘 것처럼 노력하고 하나님이 그 모든 일을 하시길 기대하는 것처럼 기도하는 것이다."

CHAPTER 13

기도는 사람과 상황을 변화시킨다

지각이 있는 사람이라면 누구나 성경을 읽고, 하나님께는 물질보다 사람이 더 중요하다는 사실을 알 수 있을 것이다. 인간은 천 개의 은하수나 우리의 세계와 같은 백만 개의 세계보다 더 귀한 존재이다. 하나님은 인간을 하나님의 형상으로 만드셨고 다른 물질들은 인간에게 도움이 되도록 만드셨다. 하나님의 관심사는 생명 없는 물질에 있지 않고 지적이고 도덕적인 존재들에게 있다.

그러나 모든 사람은 물리적인 몸을 가지고 있고, 물질과 시간, 공간의 환경에서 살아야 하므로 그에게는 물질이 중요하다. 세상에서 인간의 삶은 상당 부분 물질과 물질을 통제하는 원칙들로 짜여 있다. 인간은 종종 자신의 감각이 주변 세상에서 가져오는 보고에 의해 깊이 영향을 받는다. 때로는 내적인 사람의 행복이 당분간 외적인 상황에 좌우될 수 있는 상황들이 생기기도 한다. 그럴 때 인간은 마땅히 하나님께 그런 환경들을 바꾸어주시고 영의 성장에 더 유리하도록 '상황을 변화시켜' 달라고 기도해야 한다.

안 좋은 상황들이 바뀌거나 완전히 제거되도록 끝까지 구하고, 찾고, 두드리라고 권면하는 수많은 약속들이 성경에 기록되어 있다. 그리고 이스라엘과 교회의 역사는 하나님이 기도를 들으시고 응답하신다는 것을 충분히 증명해준다.

그러나 우리의 모든 기도에서 중요한 사실은, 하나님이 인간의 말에 따라 그분의 영원한 목적을 바꾸지 않으신다는 것을 명심하는 것이다.

우리는 하나님의 마음을 바꾸어달라고 설득하기 위해 기도하는 것이 아니다. 기도는 하나님이 원치 않으시는 것에 대한 도전도, 우리와 우리가 중보하는 사람들에 대한 하나님의 뜻을 유예하기 위한 노력도 아니다. 기도는 하나님을 이기고 '그분의 팔을 움직이려고' 하는 것이 아니다. 아무리 많은 사람들이, 아무리 길게, 또는 아무리 간절하게 기도해도 하나님은 결코 변하지 않으실 것이다.

하나님의 사랑은 우리 모두를 위해 가장 좋은 것을 갈망하며, 하나님은 무슨 일이 있어도 우리에게 가장 좋은 것을 주기 원하신다. 그분은 메마른 곳에 강이 흐르게 하시고, 성난 파도를 잠잠케 하시며, 바람을 잠재우시고, 바위에서 샘이 솟게 하시고, 감옥에 갇힌 사도를 풀어주기 위해 천사를 보내시며, 고아를 먹이시고, 오랫동안 복음에 대해 닫혀 있던 땅을 열어주실 것이다. 이 모든 일들과 또 다른 수많은 일들을 하나님은 기도에 대한 응답으로 행하셨고 앞으로도 행하실 것이나, 그것은 처음부터 그 일을 행하는 것이 하나님의 뜻이었기 때문이다. 아무도 하나님을 설득할 수 없다.

기도하는 사람이 하는 일은 하나님이 내내 하고자 하셨던 일들을 행하실 수 있도록 그의 뜻을 하나님의 뜻과 일치시키는 것이다. 따라서 기도는 사람을 변화시키고, 하나님께서 인간의 기도에 대한 응답으로 상황을 변화시키실 수 있게 한다.

* The Price of Neglect, 1991; Camp Hill, PA: WingSpread, 2010 재출간.

토저와 함께 탐색하기

하나님은 변하지 않으신다. 히브리서 13장 8절에서 "예수 그리스도는 어제나 오늘이나 영원토록 동일하시니라"라고 말하기 때문이다. 그분은 과거와 마찬가지로 지금도 주권자이시고, 사랑하시며, 모든 것을 아시고, 자비로우시다. 그분의 말씀, 약속, 명령들은 변하지 않는다. 그 명령 중 하나가 "항상 기도하라"(눅 18:1)라는 것이었다. 마찬가지로, 사도 바울은 성령의 능력 아래서 "쉬지 말고 기도하라"(살전 5:17), "기도를 계속하라"(골 4:2)라고 명령한다.

끊임없이 변하는 세상에 살고 있는 우리 성도들은 하나님의 변함없는 성품과 영원한 목적들 가운데서 기도하라는 권면을 받는다. 성령 안에서 기도할 때 우리는 사람들과 상황들을 하늘나라의 관점에서 바라보기 시작할 것이다.

물론 그 일이 즉시 일어나진 않을 것이다. 그러나 습관적으로 성령 안에서 기도하는 과정 속에서 기도가 우리를 변화시키고, 우리의 영향을 받는 사람들과 상황들('하나님께서 물질이 인간에게 도움이 되도록 만드셨으므로')을 변화시킬 것이다.

이런 개념들을 설명하기 위해, 역대하 20장 7절과 야고보서 2장 23절에서 하나님의 친구로 불린 아브라함을 잠시 살펴보자. 이 하나님과의 우정의 깊이는 창세기 18장 17절에 나타난다. "여호와께서 이르시되 내가 하려는 것을 아브라함에게 숨기겠느냐?" 친구는 서로 숨기지 않는다! 하나님은 소돔과 고모라를 멸하실 거라는 사실을 숨기지 않으셨으나, 아브라함은 하나님 앞에 오래 머물며 기도했다. 그것은 하나님의 성품의 제약 안에서 이루어진 탄원이었으나, 끈질김과 담대함, 겸손함, 요청을 종결하는 느낌이 더해졌다.

이 모든 기도의 경험이 아브라함과 롯, 롯의 가족, 그리고 아브라함의 영향권 안에 있는 모든 사람들을 변화시켰다. 그러나 더 중요한 것은 그것이 아브라함의 기도 생활도 변화시켰다는 것이다(창 20:7, 17).

우리는 더 큰 하나님의 영광을 위해 그런 변화를 기꺼이 받아들이기

를 바란다!

<h1 style="text-align:center">생각하고 적용하기</h1>

1 "인간은 천 개의 은하수나 우리의 세계와 같은 백만 개의 세계보다 더 귀한 존재이다. 하나님은 인간을 하나님의 형상으로 만드셨고 인간에게 도움이 되는 환경을 만드셨다. 하나님의 관심사는 생명 없는 물질에 있지 않고 지적이고 도덕적인 존재들에게 있다." 이 말을 깊이 생각해보라. 그것은 지금과 이후에, 사람들과 상황들에 대한 우리의 기도에 어떤 가치를 더해주는가?

2 "우리는 하나님의 마음을 바꾸어달라고 설득하기 위해 기도하는 것이 아니다. … 기도는 하나님을 이기고 '그분의 팔을 움직이려고' 하는 것이 아니다. 아무리 많은 사람들이, 아무리 길게, 또는 아무리 간절하게 기도해도 하나님은 결코 변하지 않으실 것이다." 이 말에 비춰볼 때, 당신은 롯과 소돔과 고모라를 위한 아브라함의 기도를 어떻게 설명하겠는가? 당신이 끈질기게 기도해온 한 가지를 생각해보라. 당신은 하나님께 강요하려 했는가, 혹은 당신의 요청이 그분의 뜻 안에 있는가? 우리 자신에게 그런 질문을 던지는 것이 어떤 가치가 있는가?

3 지난 6개월 혹은 몇 주 동안 응답받은 기도 세 가지를 생각해보라. 당신의 기도는 무엇이었는지, 하나님이 어떻게 응답하셨는지, 당신은 어떤 약속들을 의지했는지 생각해보라. 이 기도들은 어떤 공통점들을 갖고 있었는가?

4 "기도하는 사람이 하는 일은 하나님이 내내 하고자 하셨던 일들을 행하실 수 있도록 그의 뜻을 하나님의 뜻과 일치시키는 것이다. 따라서 기도는 사람을 변화시키고, 하나님께서 인간의 기도에 대한 응답으로 상황을 변화시키실 수 있게 한다." 이 방정식에서 하나님의 말씀은 어디에 들어가는가? 오늘날의 연약한 기도는 말씀 안에서 어린아이로 머물러 있는 것과 연관이 있을 수 있다. 히브리서 5장 11-14절을 묵상하라.

CHAPTER 14

기도의 씨름

기도하며 씨름하는 것은 언제나 좋은 것이라는 사상이 널리 퍼져 있지만, 그것은 전혀 사실이 아니다. 단지 우리가 원하는 걸 얻는 것보다 더 높은 동기가 없이 극단적인 종교 활동들을 경험할 수도 있다.

기도의 영적 특성은 강도가 아니라 기원에 의해 결정된다. 기도를 평가할 때 우리는 그 기도를 누가 하고 있는지를 물어야 한다. 즉 우리의 단호한 마음인가, 성령인가? 기도가 성령에게서 비롯된다면 그 씨름은 아름답고 놀라운 것일 수 있다. 그러나 우리가 우리 자신의 과열된 열망의 희생자라면, 우리의 기도는 다른 행위와 마찬가지로 육적인 것일 수 있다.

구약성경에 야곱과 바알 선지자들의 두 예가 나온다. 야곱의 씨름은 실제적인 체험이었고, 처음에 그것은 야곱이 한 일이 아니었다. "야곱은 홀로 남았더니 어떤 사람이 날이 새도록 야곱과 씨름하다가"(창 32:24). 분명 먼저 공격한 사람은 그 '사람'이었지 야곱이 아니었다. 그러나 야곱은 "당신이 내게 축복하지 아니하면 가게 하지 아니하겠나이다"(창 32:26)라고 부르짖었다. 그 씨름은 하나님으로부터 비롯된 것이었고, 그로 인한 복된 결과들은 성경을 공부하는 사람이라면 누구나 알고 있다.

또 다른 예는 결과가 좋지 않다. 즉 바알 선지자들도 씨름을 했다. 야곱보다 훨씬 더 맹렬히 싸웠다. 그러나 그들은 육신으로 싸웠다. 그들의 몸부림은 무지와 미신에서 비롯된 것이었고, 아무런 효과가 없었다. 그들의 열정, 육신을 괴롭히는 기도, 결심, 그 모든 것이 잘못이었다. 그들의 열정적인 기도에도 불구하고 그들은 잘못되었다. 그리고 그러한 오류는 그들과 함께 죽지 않았다.

오직 성령만이 효과적으로 기도하실 수 있다.

"이와 같이 성령도 우리의 연약함을 도우시나니 우리는 마땅히 기도할 바를 알지 못하나 오직 성령이 말할 수 없는 탄식으로 우리를 위하여 친히 간구하시느니라"(롬 8:26).

* The World: Playground or Battleground, 1989; Camp Hill, PA: WingSpread, 2009 재출간.

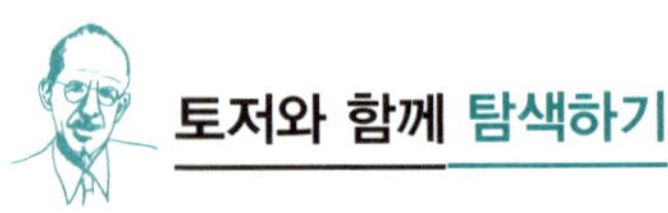

호세아서 12장 3,4절은 야곱의 씨름하는 삶을 요약해 보여준다.

"야곱은 모태에서 그의 형의 발뒤꿈치를 잡았고 또 힘으로는 하나님과 겨루되 천사와 겨루어 이기고."

야곱이 에서를 속여 장자권을 얻고 아버지의 축복을 훔친 것에서 나타나듯이, 그의 모든 삶은 기만하거나 육적인 수단을 통해 하나님의 복을 얻기 위해 싸우는 삶이었다. 그러나 얍복강에서 야곱은 두려움과 과거의 죄들 때문에 궁지에 몰려 꼼짝 못하고 있었다. 그래서 그는 기도하고 자기 형에게 선물을 보낸다(창 32:9-23). 그동안 자신의 교활함에도 불구하고 하나님이 그에게 보여주신 자비와 신실하심을 재빨리 기억해내고, 겸손히 하나님께 그분의 약속들을 상기시켜 드림으로써 기도한다. 그리고 간절히 하나님의 구원을 구한다. 그런데 이 기도 후에 그가 과거에 형을 속이려고 책략을 꾸민 것들에 대한 형의 분노를 가라앉히려는 마지막 시도들이 뒤따른다. 이것은 과거에 효과가 있었으나 하나님을 배제하는 책략과 계획들에 계속해서 가담하는 우리 모두의 전형적인 모습이다.

그날 밤 모든 두려움을 홀로 견디던 야곱과 그 사람, 또는 천사(주의 천사)는 날이 밝을 때까지 씨름했다. 야곱은 환도뼈가 부러진 후에도 천사를 보내려 하지 않았다. 사실, 그는 축복을 받을 때까지 보내지 않으려 했다. 천사는 "네 이름을 다시는 야곱이라 부를 것이 아니요 이스라엘이라 부를 것이니 이는 네가 하나님과 및 사람들과 겨루어 이겼음이니라"(28절)라고 말했다. 중요한 것은 이스라엘의 의미가 '하나님과 겨루는 사람' 또는 '하나님이 겨루신다'라는 것이다. 이 하나님과의 싸움은 야곱의 단호한 마음에서 비롯된 것이 아니라 하나님 자신에게서 시작된 것이었다. 하나님이 이 싸움을 선도하셨기 때문이다.

우리는 모두 단호한 마음으로 기도하며 하나님과 씨름하는 경향이 있다. 우리가 원하는 방법으로, 원하는 때에 기도 응답을 받으려 하는 것이다. 입으로는 기도할 때 하나님의 뜻대로 되길 원한다고 말하지만, 사실은 우리 뜻대로 되길 원한다. 그것은 결코 하나님의 최선이 아니다. 그러나 우리가 우리의 삶에 대한 하나님의 뜻을 추구하기를 갈망한다면, 하나님은 우리 각 사람이 하나님을 떠나서는 어떠한 탈출구나 해결책이 없는 상황에 둘러싸이도록 하실 것이다. 이렇게 어려운 상황에서 우리가 하나님께 복종할 때 성령으로부터 기도가 시작된다(약 4:7,8). 최종 결과는 아름답고 놀라운 하나님과의 싸움이며 그 가운데서 하나님이 영광을 받으시는 것이다. 모든 이들을 위한 하나님의 최선의 선택이 실행되고, 우리의 기도 생활이 풍성해지며, 하나님에 대한 우리의 의존이 한 걸음 더 앞으로 나아간다.

비슷한 사상들이 골로새서 4장 12,13절에 나타나 있다. 에바브라는 "항상 너희를 위하여 애써 기도하여 너희로 하나님의 모든 뜻 가운데서 완전하고 확신 있게 서기를 구하나니 그가 너희…를 위하여 많이 수고하는 것을 내가 증언"했다.

'애써 기도하여'라는 헬라어 단어는 자신의 스포츠에 온전히 자신을 바치는 운동선수들을 묘사하는 데 사용되었다. 따라서 이것은 다른 사람들을 위해 기도하며 씨름하는 것의 본질을 나타낸다. 성령의 영감을 받은 바울의 말에서 오는 확신은 이렇게 기도하는 사람이 거의 없으며, 따라서 이것이 부흥이 지체되는 또 한 가지 강력한 이유라는 것이다.

1 우리는 '단지 우리가 원하는 걸 얻는 것보다 더 높은 동기가 없이 극단적인 종교 활동들을 경험하는 것'을 피하기 위해 경계해야 한다. 지난 6개월 동안 더 자주, 그리고 열심히 기도하도록 자신을 부추겼던 상황을 떠올릴 수 있겠는가? 그때 당신은 꼼짝 못하게 갇혀 있다고 느꼈는가 아니면 하나님의 응답을 기다리면서 당신의 기도나 간구에 변화가 일어나는 것을 느꼈는가? 그렇다면 그 변화는 무엇이었는가? 마지막으로, 기도하며 씨름할 때 이렇게 두려움이나 상황들에 갇혀 있는 느낌이 우리에게 그토록 중요한 이유는 무엇일까?

2 다음 질문들은 우리가 뒤로 물러나 하나님께 우리 기도의 근원에 관해 우리의 마음을 살펴달라고 간구하도록 격려하기 위한 것이다. 첫째, 우리의 기도의 근원은 우리의 단호한 마음인가, 아니면 성령 하나님이 우리에게 주신 부담인가? 토저가 말하듯이 기도가 성령에게서 비롯된다면 그 씨름은 아름답고 놀라운 것일 수 있다. 최종 결과는 하나님이 우리 마음에 주신 것을 우리가 결국 받게 될 뿐만 아니라, 우리의 기도 생활이 앞으로 더 나아가고, 더 많은 것을 하나님의 관점으로 바라보기 시작한다는 것이다. 둘째, 우리 기도의 근원이 "우리 자신의 과열된 열망"에 있다면, 그 기도의 실체를 드러낼 필요가 있지 않겠는가? 즉 그것은 성스럽지 못하고, 육체적이며, 신성모독적인 것이다. 이러한 기도의 실체를 드러내는 것은 아버지와의 관계에 있어 신자에게 자유를 가져다줄 수 있고, 하나님이 더 큰 일들을 하시는 것을 볼 수 있게 해준다. 이런 기도를 드러내지 않고 감추는 것은 정반대의 결과를 가져온다. 우리는 모두 우리의 삶과 기도에 있어 그러한 사각지대들을 볼 수 있게 도와줄 멘토가 필요하

다. 그것을 위해 하나님께 기도하라!

씨름하는 기도의 근원이 하나님께 있어야 할 뿐만 아니라 씨름 자체도 성령의 능력 안에서 이루어져야 한다. 지난 6개월 동안 하나님이 당신의 마음에 주신 중요한 기도 제목들을 생각해보라. 끈질기게 기도하면서, 당신은 지치는 느낌이 들었는가? 그렇게 지친 이유는 당신이 기도한 대로 되지 않을 것 같은 염려나 불안감 때문이었는가? 시편 55편 22절을 묵상하라: "네 짐을 여호와께 맡기라 그가 너를 붙드시고 의인의 요동함을 영원히 허락하지 아니하시리로다." 지금까지 이렇게 하지 않았다면, 지금 바로 시행하라.

바울은 골로새서 4장 12,13절에서 이렇게 말한다. "그리스도 예수의 종인 너희에게서 온 에바브라가 너희에게 문안하느니라 그가 항상 너희를 위하여 애써 기도하여 너희로 하나님의 모든 뜻 가운데서 완전하고 확신 있게 서기를 구하나니 그가 너희…를 위하여 많이 수고하는 것을 내가 증언하노라." 그의 기도의 기원, 씨름, 동기, 내용을 묵상하고 그것을 당신의 기도로 만들라!

CHAPTER 15

기도할 때까지 기도하라

지난 세대의 위대한 기도의 사람, 무디 스튜어트(Moody Stuart) 박사는 그의 기도의 지침이 되는 일련의 원칙들을 작성했다. 그 원칙들 가운데 하나가 이것이다.

"당신이 기도할 때까지 기도하라."

당신이 그만둘 때까지 기도하는 것과 기도할 때까지 기도하는 것의 차이는 미국 복음주의자 존 웨슬리 리(John Wesley Lee)에 의해 설명되었다. 그는 종종 기도 시간을 교회 예배에 비유했고, 우리 중 많은 이들이 예배가 끝나기 전에 모임을 끝낸다고 주장했다. 그는 한때 기도회에서 너무 빨리 일어나 긴급한 업무를 처리하려고 거리를 걷기 시작했다고 했다. 그런데 조금밖에 못 갔을 때 내면의 목소리가 그를 비난했다. 그 음성은 이렇게 말하는 듯했다. "아들아, 너는 모임이 끝나기도 전에 축도를 하지 않았느냐?" 그는 그 말을 이해했고, 즉시 기도 장소로 급히 돌아갔다. 그리고 마음의 그 짐이 가벼워지고 축복이 내려올 때까지 머물렀다.

우리가 진실로 기도하기 전에 기도를 중단하는 습관은 불행히도 흔한 일이다. 종종 마지막 10분이 처음 30분보다 더 우리에게 중요한 의미가 있을지 모른다. 우리는 효과적으로 기도하기 위해 적절한 분위기로 들어가는 데 오랜 시간을 보내야 하기 때문이다. 어수선한 세상에 살면서 겪는 여러 가지 일들로 흐트러진 생각들을 끌어모으기 위해 씨름해야 할지도 모른다.

영적인 문제에 관한 다른 영역들과 마찬가지로, 여기서도 우리는 반드시 이상과 현실을 구분해야 한다. 이상적으로 우리는 매 순간 하나님과 완전히 연합한 상태에서 살아야 하며, 그때는 어떤 특별한 준비가 필요치 않다. 그러나 사실상 이것이 자신의 경험이라고 정직하게 말할 수 있는 사람은 거의 없다. 솔직하게 말하자면 우리들 대부분은 때때로 지배적인 감정으로 우리를 압도하는 감정적 소외감과 비현실감으로부터 벗어나기 위해 힘든 싸움을 해야 할 때가 많다는 걸 인정해야만 할 것이다.

꿈같은 이상주의가 뭐라고 말하든 간에, 우리는 실제적인 현실의 차원에서 여러 일들을 처리해야만 한다. 우리가 기도하러 갈 때 우리 마음이 냉담하고 성경적이지 않은 것이 느껴진다면 우리 스스로 그 상태에서 나오려고 해서는 안 된다. 오히려 우리는 그것을 솔직하게 인정하고 끝까지 기도해야 한다. 어떤 그리스도인들은 "끝까지 기도한다"라는 생각을 비웃는다. 하지만 실제로 다니엘부터 오늘날까지 모든 위대한 기도의 성인들의 글에서 이와 같은 사상을 발견할 수 있다. 우리는 정말로 기도할 때까지 기도를 멈출 수 없다.

＊ The World: Playground or Battleground?, 1989; Camp Hill, PA: WingSpread, 2009 재출간.

토저와 함께 탐색하기

이 사려 깊은 글에서 토저가 말하고자 하는 것은 참되고 효율적인 기도는 정직한 마음으로 둘러싸여 있다는 것, 기도하는 사람은 마음을 산만하게 하는 것들과 장애물을 극복하고 나아가며, 엄격한 시간 제약을 받지 않고, 5분 동안 우리의 기도제목들을 나열하는 형식적인 기도에서 더 나아간다는 것이다. 대신 그는 하나님의 음성을 듣고 응답하는 시간을 갖는다. 그 결과는 십자가 밑에 짐들을 내려놓고, 하나님이 자신의 기도를 들으셨다는 걸 알기에 그의 영혼에 평안이 가득 차서 넘치는 것이다.

D. A. 카슨은 '당신이 기도할 때까지 기도하는 것'이 청교도

의 조언이었다고 말하며, 그것을 실제로 다음과 같이 해석한다.

그리스도인들은 형식적인 감정들과 적지 않은 기도에 나타나는 비현실성을 극복하기 위해 한 번에 충분히 오랫동안, 그리고 충분히 정직하게 기도해야 한다. 우리는 특히 잠깐 동안만 기도하고 급히 단순한 의무를 수행하러 갈 때 그런 감정들을 느끼기 쉽다. 기도의 영으로 들어가려면 한참 동안 그 자리에 있어야 한다. '우리가 기도할 때까지 기도한다'면 결국 하나님의 임재 안에서 기뻐하고, 그분의 사랑 안에 거하며, 그분의 뜻을 소중히 여기게 될 것이다. 암울하거나 고뇌에 찬 기도 속에서도 우리는 어떻게든 하나님과 거래를 하고 있다는 걸 안다. 간단히 말해서, 우리는 유다가 그의 독자들에게 "성령으로 기도하라"(유 1:20)라고 권면한 것이 어떤 의미인지를 조금이나마 알게 된다. 그것은 아마도 성령 안에서 기도하지 않을 가능성이 있다는 의미일 것이다.[11]

당신이 기도할 때까지 기도하지 않음으로써 나타나는 최종 결과는 성경에 근거하지 않고 어쩌면 하나님의 뜻이 아닌 것들을 하나님께 구하며, 그 요구들이 응답되기를 바라는 것이다. 결국 우리의 놀라우신 하나님과 그분과의 교제를 잃어버리게 된다.

성경에서 우리는 기도할 때까지 기도한 사람들의 많은 예들을 발견하지만, 세 명만 언급하겠다. 바로 엘리야, 느헤미야, 다니엘이다. 우리는 야고보서 5장 16-18절에 의해 엘리야가 그런 기도의 사람이었다는 사실을 알 수 있다.

"의인의 간구는 역사하는 힘이 큼이니라 엘리야는 우리와 성정이 같은 사람이로되 그가 비가 오지 않기를 간절히 기도한즉 삼 년 육 개월 동안 땅에 비가 오지 아니하고 다시 기도하니 하늘이 비를 주고 땅이 열매를 맺었느니라."

엘리야는 3년 반 동안 비가 오지 않기를 기도하며 긴장감을 갖고 살았다. 그러던 어느 날 바알 선지자들과 대결하는 가운데 때가 되었다는 걸 알았다(왕상 18장). 바알 선지자들은 기도하고 그들의 제단 앞에서 뛰어다니며 자해를 했다. 그러나 아무 응답이 없었다. 엘리야는 변함이 없고 언제나 그분의 말씀에 충실하신 하나님의 성품에 의지하여 겸손히 기도했다. 그의 마지막 간구는 "이 백성에게 주 여호와는 하나님이신 것과 주는 그들의 마음을 되돌이키심을 알게 하옵소서"라는 것이었고, 하나님은 능력으로 응답하셨다.

마찬가지로 느헤미야는 하나님이 응답의 문을 열어주실 때까지 약 4개월 동안 예루살렘과 유대인들을 위해 기도했다.

다니엘서는 기도로 가득하지만, 특히 다니엘서 9장은 이스라엘과 그 백성을 위해 끝까지 기도한 내용을 다루고 있다. 그의 기도는 우리의 완전하신 하나님에 대한 찬양과 고백을 담고 있고, 우리의 불성실함과 불순종과 대조되는 하나님의 성품에 초점을 맞추며, 오랫동안 방탕하게 살아온 우리에 대한 하나님의 징계를 이해하고, 마지막으로 탄원을 한다.

이 구약의 선지자들처럼 우리도 '기도할 때까지 기도하는 법'을 배우기 바란다. 이 방향으로 나아가면 위대하신 하나님에 대한 우리의 믿음이 확장될 것이다.

1 지난 주간 동안 당신의 기도 생활을 돌아보고 이 점에 관하여 평가를 해보라. 당신의 기도를 중단한 것이 시간상 문제 때문이었는가? 마음을 산만하게 하는 것들이나 꼭 처리해야 할 긴급한 일들 때문이었는가? 시간 계획을 하지 않았거나 절제된 선택들을 하지 않았거나, 어쩌면 그 모든 것들이 결합되어 일어난 일이었는가? 당신이 기도할 때까지 기도하지 못한 이유가 무엇이든 간에, 하나님께 당신의 기도 시간에 변화를 일으켜 기도할 때까지 기도하면서 하나님을 경험할 수 있게 해달라고 기도하라.

2 "우리가 기도하러 갈 때 우리 마음이 냉담하고 성경적이지 않은 것이 느껴진다면 우리 스스로 그 상태에서 나오려고 해서는 안 된다. 오히려 우리는 그것을 솔직하게 인정하고 끝까지 기도해야 한다." 누구나 이런 상태에 있는 자신을 발견한 적이 있을 것이다. 어쩌면 자주 있는 일일 수도 있다. 토저는 은혜의 보좌 앞에서 정직하고, "항상 살아 계셔서 그들을 (우리를) 위하여 간구하시는"(히 7:25) 분께 다시 초점을 맞추라고 제안한다. 일주일 또는 며칠 동안 당신의 기도들을 기록하고, 당신이 하나님 앞에서 정직하고 진심으로 기도하는지 보게 해주실 성령님께 시간을 드려라.
우리의 5분 기도 시간이 성령의 능력 안에서 행해지고 있지 않을 수도 있다. 그 결과 우리는 '기도할 때까지 기도할' 수가 없다. "항상 성령 안에서 기도하라"(엡 6:18)는 말씀으로부터의 이 중요한 이탈을 어떻게 평가할 것인가?
첫째, 이 평가는 우리에 의해 온전히 행해질 수 없다. 우리의 기도 생활뿐만 아니라 우리의 신앙생활을 전체적으로 봐줄 멘토가 필요하다. 둘째, 이 평가 과정은 겸손과 회개와 시간이 필요할 것이다. 하나님이 우리의 생각과 마음과 기도 생활을 새롭게 해주시기 때문이다. 확실히 우리는 그 과정의 끝에 하나님을 더 잘 알게 될 것이며 하나님이 관심을 가지시는 일들에 더욱더 관심을 갖게 될 것이다. 멘토를 찾고 그 평가 과정을 시작하기 위해 조치를 취하라.

CHAPTER 16

하나님의 자아와 기도

하나님에 대해 생각하면 늘 무릎을 꿇고 무엇을 간청하게 되지 않는가? 우리들 대부분은 기도할 때 필요한 물건들의 목록을 꺼내어 "주님, 우리는 이것, 이것, 그리고 이것을 갖고 싶습니다"라고 말한다. 마치 무엇을 얻기 위해 모퉁이의 가게로 뛰어가는 것처럼 행동한다. 그리고 하나님은 우리의 생각 속에서, 단지 우리가 어려움에 처할 때 원하는 것을 주시는 분으로 전락했다.

지금 하나님은 우리가 원하는 것을 우리에게 주신다. 즉 그분은 좋으신 하나님이다. 하나님의 선하심은 그분의 속성 중 하나이다. 그러나 하나님이 단지 사람들의 기도에 응답하기 위해 존재하신다고 상상하지는 말기 바란다. 사업가는 계약을 성사시키기 원한다. 그래서 그는 하나님께 가서 "하나님, 주세요"라고 말한다. 학생은 좋은 점수를 받기 원한다. 그래서 하나님께 나아가 "주세요"라고 말한다. 한 젊은 남자는 여자친구가 고백을 받아주길 원한다. 그래서 그는 무릎을 꿇고 이렇게 말한다. "아버지, 그 여자를 제게 주옵소서." 우리는 그저 하나님을 우리가 원하는 것을 얻기 위한 원천으로 이용한다.

하늘에 계신 우리 아버지는 매우 친절하시며 우리에게 구하라고 말씀하신다. 우리가 하나님의 아들의 이름으로 무엇이든 구하면 주실 것이다. 단, 그것이 그분의 뜻 안에 있다면 말이다. 하나님의 뜻은 온 세계만큼 넓다. 그래도 우리는 하나님을 거룩하신 분으로 여겨야 하며, 단지 무엇을 얻을 수 있는 존재로만 여기지 말아야 한다.

하나님은 영광스러운 산타클로스가 아니시다. 우리가 원하는 것을 모두 주고 점차 사라져서 우리가 마음대로 살 수 있게 해주는 존재가 아니다. 그분은 주시지만, 그분 자신도 함께 주신다. 또한 하나님이 우리에게 주시는 가장 좋은 선물은 바로 그분 자신이다. 하나님은 기도에 응답해주시지만, 우리가 받은 것을 다 써버리거나 더 이상 필요치 않을 때에도 여전히 우리에겐 하나님이 있다.

하나님의 자아 안에는 죄가 없다. 우리 피조물들은 적절히, 올바로, 성경적으로 얼마든지 자아와 이기심을 비난할 수 있다. 그것은 가장 큰 죄다. 그러나 하나님의 자아는 죄가 없다. 하나

님은 본래부터 계시고, 타락하지 않으셨으며, 거룩하신 하나님
이시기 때문이다. 시인은 이렇게 말한다.

> 주님의 한결같은 자아의 찬송 안에서
>
> 주님의 온전하심이 빛납니다
>
> 스스로 충족하고, 자신을 존경하는
>
> 그런 삶이 주님의 삶입니다
>
> 자신을 영화롭게 하되, 허물이 없고
>
> 성스럽고 부끄러운 것이 없으니
>
> 참으로 거룩합니다![12]

하나님은 자신을 사랑하신다. 즉 성부는 성자를, 성자는 성
부를, 성자와 성부는 성령을 사랑하신다. 사람들은 옛날에, 즉
그들이 모방하는 대신 생각하는 사람들이었고 성경의 범위 안에
서 생각했을 때 이것을 이해했다.

한편, 하나님의 속성들을 논할 때 나는 하나님께 올라가는
길을 생각하려 하지 않는다. 당신은 사다리로 달까지 올라갈
수 없는 것처럼 하나님께 올라가는 길을 생각할 수 없다. 하늘
나라로 들어가는 길을 생각할 수 없다. 오직 당신은 믿음으로
들어간다. 그러나 들어간 후에는 하늘나라에 대해 생각할 수 있
다. 당신은 영국으로 가는 길을 생각할 수 없지만, 그곳에 도착

한 후에는 영국에 대해 생각할 수 있다.

그러므로 하나님은 자신을 사랑하신다. 또한 그분은 사랑의 기원이신 하나님이시기 때문에 그 자신을 사랑하신다. 그분은 스스로 존재하는 사랑이시며, 모든 거룩함의 본질이자, 모든 의식적인 빛의 근원이시다.

'나'와 '나는'이라는 말은 언제나 자신을 가리킨다. 나는 사랑스러운 한 형제를 알았다. 하나님이 그에게 복을 주셔서, 그는 지금 하늘나라에 있고 내 어깨까지 내려올 커다란 왕관을 쓰게 될 거라 확신한다. 그는 중국 선교사였고 '나'라는 말을 많이 사용하지 않았다. 그는 '나'가 자아를 의미한다는 걸 알았고, 타락한 자아는 죄악된 것이다. 따라서 그는 언제나 '한 사람'이라고 말했다. "한 사람이 중국에 있을 때 이렇게 말했고, 이것을 했다"라는 식이었다. 그 자신을 의미하는 말이었으나 그는 '나'라고 말하길 꺼렸다. 만약 그가 시편 23편을 썼다면 이렇게 썼을 것이다: "여호와는 한 사람의 목자시니, 그가 부족함이 없으리로다."

'나' 또는 '나는'이라는 말에는 잘못이 없다. 그러나 당신이 '나는'(I am)이라고 말할 때는 언제나 'am'을 소문자로 쓴다. 그런데 하나님이 '나는'(I Am)이라고 말씀하실 때는 그가 어디에서 파생된 존재가 아니라는 것을 의미한다. 그분은 모든 사업을 시작하셨다. 즉 그분은 하나님이시다. 그러나 내가 '나는'(I am)이라고 말할 때 나는 하나님의 작은 메아리에 불과하다.

나는 하나님이 그분의 자녀들을 매우 자랑스러워하신다고 믿는다. 이 광대한 우주에서 하나님은 그분의 백성을 자기 백성이라 부르는 걸 기뻐하신다고 믿는다. 하나님이 욥에 대해 뭐라고 말씀하셨는지 기억하는가? 하나님의 아들들, 즉 천사들이 모두 줄지어 나아가는데, 그들과 함께 사탄이 있었다. 뻔뻔하고 거만한 사탄이 타락하지 않은 하나님의 아들들과 함께 다녔던 것이다! 그가 열병대 앞에 나오자 하나님이 말씀하셨다.

"네가 내 종 욥을 보았느냐 그는 선하고 악을 멀리하는 사람이다. 네가 내 종 욥을 보았느냐?"(욥 1:8 참조)

하나님은 욥을 자랑스러워하셨다. 하나님은 그분의 백성을 자랑스러워하시며, 우리가 작은 메아리 같은 음성으로 '나는'이라고 말하는 것을 자랑스러워하신다. 왜냐하면 하나님은 "나는 스스로 존재하는 자다"라고 말씀하신 본래의 음성이시기 때문이다. 인간이 하나님의 형상으로 창조되었다는 교리는 성경의 기본 교리 중 하나로서, 우리를 고양시키고 성장시키며, 관대하고 영광스러운 교리 중 하나이다. 자아 존중은 잘못이 아니며, '나는 -이다', '나는 -할 것이다', '나는 -을 한다'라고 말하는 것도 잘못이 아니다. 우리가 처음으로 '나는 -이다'라고 말씀하신 본래 하나님의 메아리로서 소문자로 말하고 있다는 것만 기억한다면 말이다.

성자 하나님이 말씀으로 불리셨고, 하나님께서 사람이 말을 할 수 있게 해주셨다는 것이 신기하지 않은가. 하나님은 다른 어떤 피조물도 말을 할 수 있게 해주지 않으셨다. 가장 훌륭한 혈통을 가진 개도 말을 할 수 없고, 가장 똑똑한 구관조도 말을 하지 못한다(말을 하더라도 자기가 무슨 말을 하는지 모른다). 오직 사람만이 말할 수 있다. 사람만이 소위 '로고스'(logos)라고 하는 이것, 즉 말씀을 갖고 있기 때문이다.

죄의 본질은 독립적인 자아이다. 하나님은 보좌에 앉아 계셨다. 즉 그분은 스스로 계신 분이었다. 그런데 인간이 와서 "내가 하겠다"라고 말하며 하나님의 보좌 위로 올라가려 했다. 인간은 하나님께 불순종했고 주제넘게 나서서 혼자 힘으로 작은 신이 되었다. 죄악된 세상은 자기들이 위에 계신 분의 메아리라는 것을 잊고 자기 스스로 "나는 존재한다"라고 말한다.

죄의 정의는 타락한 자아이다. 하나님은 '공의로운 해'(말 4:2)이시며, 그분의 거룩한 인격에 의해 온기를 받고 치유 받은 모든 피조물들－모든 스랍과 그룹, 천사들, 천사장들, 하나님의 자녀들, 하늘에 있는 관찰자들－이 그분 주위를 돌아다닌다. 그리고 그중 최고는 하나님의 형상으로 지음 받은 인간이다.

한때 우리는 행성이 태양 주위를 돌듯이 하나님 주위를 돌았다. 그러던 어느 날 작은 행성이 말했다.

"나는 나 자신의 태양이 될 거야. 이 하나님은 없어졌으면 좋겠어."

그리고 인간은 타락했다. 그것이 바로 우리가 말하는 인간의 타락이다. 죄는 위로 올라가 하나님의 자아를 취하며 이렇게 말했다.

"나 자신이 자아가 될 거야."

그리고 하나님은 배제되었다. 거룩한 사도가 말했듯이, 그들은 하나님을 마음에 두려 하지 않았고 따라서 하나님은 그들을 부끄러운 욕심에 내버려 두셨다(롬 1:26). 지금 경찰, 교육자, 의사, 정신과 의사들이 걱정하는 모든 악-일탈, 남색, 노출증, 그 외 모든 것-은 인간이 하나님을 마음에 두길 원치 않고 그분을 하나님으로 인정하지 않은 결과로서 온 것들이다. 인간은 자신의 작은 신이 되기 위해 혼자서 나갔다.

그것은 일반적인 죄인의 행동 방식 아닌가? 그는 자기 자신의 작은 신이다. 그는 태양이다. 자신을 대문자로 표기하며, 자신을 심판하실 분이 위에 계시다는 사실을 망각한다.

암에 걸리면 암의 증상들이 나타나듯이, 죄는 증상과 징후들이 있다. 바울은 갈라디아서 5장 19-21절에서 그 징후들을 나열한다.

"육체의 일은 분명하니 곧 음행과 더러운 것과 호색과 우상 숭배와 주술과 원수 맺는 것과 분쟁과 시기와 분냄과 당 짓는 것과 분열함과 이단과 투기와 술 취함과 방탕함과 또 그와 같은 것들이라."

이런 것들은 모두 더 깊은 것의 증상들이다. 바로 우리의 주제넘은 자아이다. 그것은 창조되고 파생된 나의 자아를 내세우며, 나 자신을 왕좌에 올려놓고 "나는 자아다. 나는 스스로 있는 자다"라고 말한다.

나는 실존주의에 관한 책들을 읽었다. 나는 인간이 그렇게 비참할 정도로 잘못된 생각을 가질 수 있다는 것에 몸서리치며 비통해했으나, 내가 그것을 아는 이유는 성경을 읽었기 때문이었다. 실존주의자들은 인간이 존재하며-인간은 창조된 것이 아니라 그냥 존재한다- 거기서부터 시작해야 한다고 말한다. 인간에게는 어떤 창조주도, 계획자도, 인간을 생각해낸 존재도 없다. 그는 그냥 존재한다. 그들은 오직 하나님만 하실 수 있는 말을 인간이 하게 만든다. "나는 스스로 존재한다."

인간은 겸손한 목소리로 "나는 존재한다"라고 말할 수 있지만, 오직 하나님만이 대문자로 "나는 스스로 있는 자다"라고 말씀하실 수 있다. 인간은 그 사실을 잊었고 그것이 죄이다.

죄는 당신의 성질이 아니다. 그것은 당신의 성질보다 더 깊은 것이다. 당신의 정욕은 죄가 아니다. 죄는 그보다 더 깊은 것이며, 정욕은 증상에 불과하다. 세상의 모든 범죄, 즉 모든 악, 도둑질, 강간, 유기, 암살 등은 모두 내적인 병인 죄의 외적 징후들에 불과하다.

그러나 어떤 태도나 착란 증세처럼 그것을 질병으로 여겨서는 안 된다. 하나님이 그분의 보좌에 앉아 계셨다. 그분은 스스로 계신 자, 영원히 자기 충족적이고 독립적인 분이시다. 그분이 인간을 자신과 닮게 만드셨고 인간에게 의지를 주셨다. 즉 "사람은 자기 마음대로 할 수 있다"라고 말씀하셨다. 하나님은 행성들이 태양 주위를 돌듯이 인간이 하나님의 보좌 주위를 선회하게 하셨다. 그러나 인간은 "나는 나다"라고 말했다. 즉 하나님을 외면했고 타락한 자아가 그 자리를 차지했다. 죄의 징후들이 얼마나 많든 간에, 병 안에 든 액체의 본질은 언제나 자아임을 기억하라.

사람들이 진정한 그리스도인이 되게 하는 것이 항상 쉽지 않은 이유가 바로 그것이다. 당신은 사람들이 카드에 서명을 하거나 어떤 결정을 하거나 교회에 출석하게 할 수 있다. 그러나 사람들이 그들의 죄에서 나오게 하는 일은 매우 힘든 일이다. 그것은 내가 왕좌에서 내려오게 되었다는 뜻이기 때문이다. 하나님이 그 보좌에 앉아 계시는데 죄가 하나님을 밀어내고 그 자리를 차지했다.

상상할 수 있겠는가? 전능하신 하나님, 하늘과 땅을 창조하신 이가 이렇게 말씀하셨다.

"이것은 영원히 내 이름이며 나를 기념하는 것이다. 즉 나는 스스로 있는 자다. 나는 창조되지 않았다. 나는 만들어지지 않았으며, 그냥 존재한다. 내가 나의 사랑을 위해 너를 만들었다. 나를 예배하고 높이고 영화롭게 하기 위해 너를 만들었다. 너를 사랑하고 붙잡아주며 너에게 나 자신을 주기 위해 너를 만들었다. 그러나 너는 나를 외면했다. 너 자신을 신으로 만들고 왕좌에 앉혔다."

그것이 죄이다. 그래서 성경이 "사람이 거듭나지 아니하면 하나님의 나라를 볼 수 없느니라"(요 3:3)라고 말하는 것이다. '거듭난다'는 것은 무슨 뜻일까? 무엇보다 그것은 갱신, 새롭게 태어나는 것을 의미하지만, 또한 왕좌에서 내려와 하나님을 그 자리에 모시는 것을 의미하기도 한다. 그것은 독립적으로 존재하시는 이가 하나님으로 인정받으시는 것을 의미한다.

오래전에 루시퍼라는 이가 있었다. 하나님은 그에게 다른 어떤 피조물보다 더 높은 지위를 주셨다. 하루는 교만해진 그가 이렇게 말했다.

"내가 높이 올라가 하나님의 보좌 위에 내 자리를 둘 것이다."

그리고 그가 교만해지자 하나님이 그를 던지셨다(사 14:12-14 참조). 그것이 마귀다.

또한 그것이 지금 세상을 이끌고 있는 마귀다. "공중의 권세 잡은 자를 따랐으니 곧 지금 불순종의 아들들 가운데서 역사하는 영이라"(엡 2:2). 그는 사회의 지도자들, 정치인들, 학자들, 그 외 모든 사람들 가운데 있다. 이것은 북아메리카에만 해당되는 것이 아니라, 아담이 죄를 범한 날부터 온 세계에 적용되는 사실이다. 우리는 하나님의 위엄을 훼손하고, 창조되지 않은 영원한 보좌에 앉아 계신 왕을 모욕한 죄가 있다. 신성을 더럽히는 반역의 죄를 범했다.

당신은 온순하고 경건하게 "오, 하나님, 당신이 계시기 때문에 제가 있습니다"라고 말해야 할 때 대문자로 "나는 스스로 존재한다"라고 말해왔다. 그것이 바로 새로운 탄생이 의미하는 바다. 그것이 곧 회개이고 믿음이다.

* The Attributes of God, vol. 2, 2003; Chicago: Moody, 2015 재출간.

 **토저와 함께 탐색하기**

"온갖 좋은 은사와 온전한 선물이 다 위로부터 빛들의 아버지께로부터 내려오나니 그는 변함도 없으시고 회전하는 그림자도 없으시니라"(약 1:17).

이 구절은 하나님이 오직 좋은 것들만 주시는 분이며(우리가 처음에는 그 선물에서 좋은 면을 보지 못하더라도), 온전한 선물이 다 그로부터 오며, 그 선물들이 계속해서 온다(즉 하나님은 가끔 주시는 것이 아니라 계속해서 주신다)고 분명히 말한다. 이런 진리들의 기초가 되는 것이 바로 하나님의 불변성이다. 하나님은 변하지 않으신다! 그분은 "어제나 오늘이나 영원토록 동일하시다"(히 13:8). 따라서 기도할 때 우리가 초점을 두어야 하는 것은 우리의 기도 제목들이나 원하는 것들의 목록이 아니라 그 모든 선물 뒤에 계신 하나님이다.

예수님께 자비를 베풀어 달라고 울부짖었던 열 명의 나병환자들과 하나님께 영광을 돌렸던 한 사람의 이야기를 기억하자.

"보시고 이르시되 가서 제사장들에게 너희 몸을 보이라 하셨더니 그들이 가다가 깨끗함을 받은지라 그중의 한 사람이 자기가 나은 것을 보고 큰 소리로 하나님께 영광을 돌리며 돌아와 예수의 발아래에 엎드리어 감사하니 그는 사마리아 사람이라 예수께서 대답하여 이르시되 열 사람이 다 깨끗함을 받지 아니하였느냐 그 아홉은 어디 있느냐 이 이방인 외에는 하나님께 영광을 돌리러 돌아온 자가 없느냐 하시고 그에게 이르시되 일어나 가라 네 믿음이 너를 구원하였느니라 하시더라"(눅 17:14-19).

이 사마리아인 나병환자는 한 가지 원하는 것이 있었으나, 겸손함과 예배와 감사하는 마음으로 구세주께 돌아왔을 때 훨씬 더 많은 것을 얻었다. 그는 구세주로부터 한 가지 선물을 구했으나 그의 믿음이 자라나는 것을 알았을 뿐만 아니라 그 모든 선물을 주시는 분을 알게 되었다. 반대로, 우리의 짧은 기도 시간과 단지 쇼핑 목록처럼 보이는 우리의 기도 제목들은 우리를 약화시켜, 우리가 구하는 선물의 배후에 계신 하나님을 진정으로 알아가는 것을 방해할 수 있다. 게다가 우리의 믿음은 성장하지 않고 우리의 기도들은 더 침체되고 자기

중심적인 것이 된다. 우리에게 주신 하나님의 선하고, 온전하고, 변함없는 선물들에 나타나듯이, 성령의 능력 안에서 우리를 향한 하나님의 선하심을 알아가기 위해 힘쓰자.

생각하고 적용하기

1 하나님께 간구하는 당신의 기도 시간을 정직하게 평가해보라. 그것은 쇼핑 목록 또는 '원하는 것'의 목록과 비슷한가? 물론, 대부분의 쇼핑 목록은 목록에 포함된 모든 것을 구입하길 바라는 마음으로 작성된다. 그 목록들 중에는 우선 필요한 것들, 갖고 싶은 것들, 그리고 그렇게 중요하지 않은 품목들이 있다. 당신은 그 목록에서 한 가지 항목에, 또는 성령 하나님이 기도하라고 당신의 영에 감동을 주신, 목록에 있지도 않은 다른 항목에 초점을 둘 자유가 있는가? 이 연약한 육신의 기억을 돕기 위해 목록을 작성하는 것은 잘못이 아니다. 그러나 그 목록이 하나님과 우리의 기도 시간을 빨리 끝내기 위한 율법적인 도구가 되지 않도록 주의해야 한다. 당신의 목록이 당신으로 하여금 사마리아인 나병환자처럼 반응하도록 이끌었는가? 그렇지 않다면 하나님과 당신의 기도 시간을 재구성할 방법들을 생각해보라.

2 하나님의 선하심과 변치 않으심은 그분의 인격에 관한 두 가지 풍부한 진리로서, 그것이 우리의 기도 시간을 풍성하게 해주어야 한다. 당신은 기도 제목들을 하나님께 다 말씀드리고 나와서, 당신이 그 목록을 잊지 않고 다 기도했다는 사실에 만족하는가? 아니면 하나님이 당신의 기도를 들으셨다는 확신과 하나님과 이야기를 나누면서 그분 앞에서 당신의 기도 제목 중 일부가 수정되고 재구성되는 느낌, 그리고 이해할 수 없는 평안을 느끼는가?(빌 4:6,7) 하나님에 대한 당신의 관점이 확대되고 당신의 믿음이 새로워지거나 더 자라났는가? 이런 질문들은 한 번의 기도 시간을 평가할 때 답할 수 없지만, 한두 달 동안 그런 평가를 하다 보면 더 확실히 알게 될 것이다. 하나님께 당신의 기도 시간을 변화시켜 달라고 구하

라. 그러나 두세 달 뒤에도 여전히 힘이 든다면 그때는 더 성숙한 신자의 도움을 구하라.

3　당신의 기도 생활에서 하나님 자신이 선물임을 깨달았는지 생각해보라. 혹은 당신이 너무 자기중심적이어서 선물만 보고 그 선물을 주시는 분을 보지 못했는가? 후자라면, 하나님께 용서를 구하고 당신의 마음과 기도 시간을 변화시켜 달라고 간구하라.

CHAPTER 17

진리의 두 날개

진리는 새와 같다. 즉 한쪽 날개만으로는 날 수가 없다. 그러나 우리는 늘 한쪽 날개만 열심히 퍼덕이고 다른 날개는 안 보이게 접은 상태로 날아오르려고 시도하고 있다.

나는 "모든 진리는 '기록되어 있다'라는 말에 있지 않다. '기록되어 있다', 그리고 '또다시 기록되어 있다'라는 말 속에 진리가 있다"라고 말한 사람이 캠벨 몰간(G. Campbell Morgan) 박사였다고 믿는다. 새가 균형을 잡고 날 수 있으려면 오른쪽 날개가 왼쪽 날개와 함께 움직여야 하는 것처럼, 균형과 대칭을 이루기 위해 반드시 두 번째 본문을 첫 번째 본문과 대조해보아야 한다.

교회들 간에 생겨난 많은 교리적 분열은 진리가 한쪽 날개만 갖고 있다는 맹목적이고 완고한 주장의 결과이다. 각 측면에서는 한 본문만 끈덕지게 고수하고, 다른 본문의 타당성은 단호하게 인정하지 않는다. 이 오류는 교회들 사이의 악이지만, 진짜 비극은 그것이 개개인의 그리스도인들의 마음속으로 들어가 그들의 신앙생활에 영향을 미치기 시작할 때이다.

그리스도인의 삶에서 균형을 잃는 것은 종종 선호하는 특정 본문을 지나치게 강조하고 다른 관련된 본문은 덜 강조함으로 인한 직접적인 결과이다. 진리를 부인하는 것만이 진리를 헛되게 만드는 것이 아니라, 진리를 강조하지 않는 것도 결국은 똑같이 해를 끼칠 것이기 때문이다. 또한 이것은 이론상으로는 진리를 고수하지만 실제로는 그것을 무시함으로 아무 효력이 없게 만드는 이상한 입장에 있게 한다. 사용하지 않는 진리는 사용하지 않는 근육처럼 쓸모없어진다.

때로는 "그렇게 기록되어 있다"라는 우리의 독단적인 주장과 "또다시 그렇게 기록되어 있다"라는 말을 듣지 않는 것이 우리를 이단자로 만든다. 우리의 이단은 신조에 어긋나는 것이 아니어서 신학자들의 반대를 일으키지 않는다. 이것의 한 예는 이따금씩 죄 고백과 관련해서 등장하는 가르침이다. 그것은 이런 식이다. 그리스도는 우리의 죄를 위해 죽으셨는데, 우리가 범한 모든 죄뿐만 아니라 남은 생 동안 범할 모든 죄를 위해 죽으신 것이다. 그리스도를 영접할 때 우리는 그의 죽음과 부활을 통해 우리를 위해 행하신 모든 일의 혜택을 받는다. 그리스도 안에서 현재 우리의 모든 죄들은 미리 용서를 받는다. 따라서 우리는 죄를 고백할 필요가 없다. 그리스도 안에서 이미 용서되었기 때문이다.

그런데 이것은 완전히 틀렸다. 그것이 반만 옳기 때문에 더욱 더 잘못된 것이다. 그리스도가 우리의 모든 죄를 위해 돌아가신 것은 맞다. 하지만 그리스도가 우리의 모든 죄를 위해 돌아가셨기 때문에 우리가 죄를 범했을 때 그 죄를 고백할 필요가 없는 것은 아니다. 이 결론은 그 전제로부터 나오는 것이 아니다.

그리스도가 우리의 죄를 위해 돌아가셨다고 쓰여 있고, 또다시 "만일 우리가 우리 죄를 자백하면 그는 미쁘시고 의로우사 우리 죄를 사하시며"(요일 1:9)라고 쓰여 있다. 이 두 본문은 똑같은 사람들, 즉 그리스도인들에 대해 쓰여진 것이다. 우리는 감히 두 번째 본문을 무효화하기 위해 첫 번째 본문을 강요하지 않는다. 둘 다 진리이며, 한 본문이 다른 본문을 완성해준다. 두 본문의 의미는 그리스도가 우리 죄를 위해 돌아가셨으므로 우리가 우리 죄를 자백하면 용서를 받을 거라는 뜻이다. 그와 다르게 가르치는 것은 한쪽 날개로 날려고 시도하는 것이다.

또 다른 예를 들어보자. 나는 같은 것을 위해 두 번 기도하는 것이 잘못이라고 주장하는 사람을 만났다. 그 이유는 우리가 첫 번째로 기도할 때 응답을 받았다고 진심으로 믿는다면, 두 번째로 같은 기도를 하는 것은 첫 번째 응답에 대한 불신을 나타내기 때문이라는 것이다. 따라서 두 번째 기도는 하지 말아야 한다고 말한다.

이 가르침은 세 가지가 잘못되었다. 첫째, 그것은 성경의 큰 몸통을 무시하는 것이다. 둘째, 가장 성스러운 영혼에게도 실제로 거의 효과가 없다. 셋째, 그것을 계속 고집하면 기도하는 사람이 육신과 마귀와의 전쟁에서 사용할 가장 강력한 무기 두 가지, 즉 중보기도와 탄원을 빼앗는 것이다.

능력 있는 중보기도자는 결코 한 번만 기도하는 사람이 아니며, 성공적으로 탄원하는 사람이 무조건 첫 시도에서 큰 승리를 거두는 것도 아니기 때문이다. 다윗이 한 번만 기도해야 한다는 신조에 동의했다면 그의 시편을 현재 길이의 약 3분의 1 정도로 줄일 수 있었을 것이다. 엘리야는 비가 오게 해달라고 일곱 번이나 기도하지 않았을 것이다(그리고 우연히 비가 내리지도 않았을 것이다). 우리 주님은 같은 말로 세 번 기도하지 않으셨을 것이며, 바울은 그의 '가시'가 없어지게 해달라고 '세 번 주께 간구하지' 않았을 것이다(고후 12:8). 사실, 이 가르침이 사실이라면 성경의 많은 놀라운 이야기들이 다시 쓰여야 할 것이다. 성경은 지속적이고 끈질긴 기도에 대해 많이 이야기하기 때문이다.

그러한 가르침들 속에 감춰진 한 가지는 무의식적인 영적 교만이다. 이미 용서받았다는 이유로 죄를 자백하지 않는 그리스도인은 자신을 선지자들과 시편 기자들, 그리고 바울부터 현재에 이르기까지 자신에 대해 어떤 기록을 남긴 모든 성인들보다 자신을 위에 두는 것이다. 이들은 삼단논법 뒤에 자신들의 죄들을 감추지 않았고, 간절한 마음으로 그 죄들을 온전히 고백했다. 어쩌면 그렇기 때문에 그들이 위대한 영혼들이었고, 더 나은 길을 찾았다고 주장하는 이들이 작은 자들일 것이다.

그리고 한 번만 기도하는 그리스도인의 얼굴에 나타난 우월감과 의기양양한 미소를 보면 그 미소 뒤에 많은 자만이 있는 것을 느끼지 않을 수 없다. 다른 그리스도인들이 힘들게 중보하며 하나님과 씨름하는 동안, 한 번만 기도하는 그리스도인들은 마음속에 교만을 품고 편안히 앉아 기도가 끝나길 기다린다. 그들은 이미 기도했기 때문에 기도하지 않는다. 마귀는 그런 그리스도인들을 두려워하지 않는다. 이미 그들을 이겼기 때문이다. 그리고 그의 기교는 그럴듯한 가짜 논리였다.

두 날개를 모두 사용하자. 그럴 때 우리는 더 멀리 나아갈 것이다.

* That Incredible Christian, 1964; Camp Hill, PA: WingSpread, 2008 재출간.

진리에 관한 이 장은 처음엔 기도와 어울리지 않아 보이지만 매우 적절하다. 우리는 성경에 계시된 대로, 그리고 토저가 언급한 대로 온전한 진리를 알지 못해서 기도에 대한 오해를 품고 있는 경향이 있기 때문이다. 그는 캠벨 몰간의 말을 인용한다. "모든 진리는 '기록되어 있다'라는 말에 있지 않다. '기록되어 있다', 그리고 '또다시 기록되어 있다'라는 말 속에 온전한 진리가 있다. 새가 균형을 잡고 날 수 있으려면 오른쪽 날개가 왼쪽 날개와 함께 움직여야 하는 것처럼, 균형과 대칭을 이루기 위해 반드시 두 번째 본문을 첫 번째 본문과 대조해보아야 한다.

이 균형 또는 대칭의 결핍이 사실상 매우 교묘한 방법으로 우리의 기도 생활을 왜곡할 수 있다. 예를 들면, 우리의 교만이 높아지고, 믿음이 약해지며, 하나님의 최선을 향한 열정이 훼손되고, 하나님과 그분의 길들에 대한 우리의 관점이 손상되며, 매일 나누는 하나님과의 교감이 위태로워진다.

아마도 이러한 불균형을 가늠하는 한 가지 방법은 몇 가지 테스트로 이 진리들을 평가하는 것이다. 첫째, 누가 영광을 받는가? 하나님인가 인간인가? 단지 한 번 기도한 결과 나의 자부심이 커지는가? 둘째, 내 기도 생활의 불균형으로 나와 하나님과의 교감이 풍부해지는가? 나의 기도 시간은 종종 일방적이고, 하나님의 말씀을 듣는다는 감각이 없는가? 셋째, 나의 기도 응답들에 초자연적인 요소가 있는 가, 혹은 나를 적절한 때에 적절한 자리에 두며 하나님의 공을 가로 채는가? 물론 후자의 요소가 때때로 사실일 수 있으나, 그 배치에는 초자연적인 요소가 있다. 넷째, 나는 친구들, 가족, 모르는 사람들, 지나가는 상황들에 대해 더 많이 기도해야 할 부담을 느끼는가? 혹 은 단지 나의 직접적인 영향권 안에 있는 사람들과 상황들에 대해 기 도하는 것으로 만족을 느끼는가?

마지막으로, 내 주위에서 벌어지는 영적 싸움을 볼 믿음의 눈이 있는 가? 나는 악한 자의 공격을 경험하고 있는가, 아니면 그가 은혜의 보 좌 앞에서 나를 무력하게 만들었기 때문에 나를 그냥 내버려두고 있 는가?

이러한 기도의 균형에 초점을 둔 매우 강력한 성경 구절이 야고보서 4장 1-10절이다. 특히 6-10절에 나오는 야고보의 책망을 주목하라. "하나님이 교만한 자를 물리치시고 겸손한 자에게 은혜를 주신다 하 였느니라 그런즉 너희는 하나님께 복종할지어다 마귀를 대적하라 그 리하면 너희를 피하리라 하나님을 가까이하라 그리하면 너희를 가 까이하시리라 … 주 앞에서 낮추라 그리하면 주께서 너희를 높이시리 라."

우리가 서서히 혹은 급속히, 하늘에 계신 아버지로부터 멀어지고 있 다면 그분께 가까이 다가갈 것이니, 그리하면 그분이 우리를 가까이 하실 것이다. 그것은 그분의 약속이다!

1 여기서 토저가 다루는 기도에 대한 유일한 오해는 '같은 것에 대해 두 번 기도하는 것이 잘못이라는 주장'이다. 우리가 첫 번째 기도의 응답을 믿는다고 말한다면 두 번째 기도는 첫 번째 기도에 대한 불신을 나타내는 것이기 때문이다. 성경에서 온 토저의 대답들을 곰곰이 생각해보라. 당신은 이런 오해를 품은 신자에게 뭐라고 대답하겠는가?

2 일부 신자들이 감추고 있는 또 다른 오해는 (토저가 다루지는 않았지만) 하나님의 주권에 대한 것이다. 예를 들면, 하나님이 주권자이신데 왜 우리가 기도해야 하는가? 기도에 있어 하나님의 주권에 대한 균형 잡힌 관점은 무엇인가? 하나님의 주권에 대한 이 두 날개의 진리는 당신의 기도를 어떻게 풍요롭게, 혹은 대담하게 만들었는가? 그뿐 아니라, 당신의 기도 생활에서 다른 오해들이 없는지 하나님께서 보여주시길 간구하라.

3 야고보서 4장 1–10절은 기도에 관한 풍성한 구절로서, 암송하려고 노력할 가치가 있을 것이다. 예를 들어, 당신이 하나님께 어떤 것들을 구하지 않는 이유를 스스로 질문해보는가? 그것은 당신이 응답을 두려워하기 때문인가, 답을 알고 있다고 생각하기 때문인가, 또는 무의식적으로든 의식적으로든 당신 뜻대로 하려 하기 때문인가? 또 한편으로, 당신이 구한 것을 받지 못한 이유를 평가해보는가? 이 질문들의 전체적인 의도는 우리를 내성적으로 만들어 성령의 자유로 기도할 수 없게 하려는 것이 아니

라 하나님의 영이 우리의 마음을 감찰하여 하나님께 영광이 되지 않는 동
기와 관점들을 드러내시도록 하려는 것이다.

4 "주 앞에서 낮추라 그리하면 주께서 너희를 높이시리라"(약 4:10). 다음
한 주간 동안 이 구절과 그것이 당신에게 주는 의미를 묵상하고 기도하라.

CHAPTER 18

정직한 기도의 능력

경건한 데이빗 매킨타이어(David M'Intyre)는 《숨겨진 기도의 삶》(The Hidden Life of Prayer)이라는 그의 아름다운 작은 책에서 참된 기도의 중요한 요소를 짧지만 솔직하게 다룬다. 이것은 이 인공적인 세대에 간과되기 쉬운 '명백한 솔직함'에 대한 것이다. "우리가 하나님의 순전한 임재 안에서 무릎을 꿇을 때 정직한 대화를 하게 된다"라고 매킨타이어는 말한다. 그는 계속해서 다음과 같이 말한다.

우리는 하나님께 탄원할 때 그분에 대해 우리가 말해야 한다고 생각하는 대로 말하려 한다. 또한 우리의 말이 우리의 감정을 한참 앞서갈 때가 있다. 그러나 가장 좋은 것은 우리가 하나님 앞에서 완전히 솔직해지는 것이다. 하나님은 그분 자신에 대한 것이라면 우리가 무슨 말이든 하고 싶은 대로 하게 해주실 것이다. 시편 기자는 "나의 반석이신 하나님께 아뢰오니, 어찌하여 나를 잊으셨나이까?"라고 소리친다. 만일 그가 "하나님, 하나님은 저를 잊으실 수가 없습니다. 하나님은 제 이름을 손바닥에 새겨 두셨습니다"라고 말했다면 좀 더 훌륭하지만 덜 솔직한 표현이었을 것이다.

한 번은 예레미야가 하나님을 제대로 이해하지 못했다. 그는 화가 난 듯 "주님, 주께서 나를 속이셨으므로, 내가 주께 속았습니다"라고 소리쳤다. 이것은 변함없는 진리이신 하나님 앞에서 내뱉은 끔찍한 말이었다. 그러나 선지자는 자기가 느낀 대로 말했고, 하나님은 그를 용서하셨을 뿐만 아니라 그를 만나주셨고, 거기서 그를 축복해주셨다. [13]

비상한 통찰을 가진 또 다른 영적 작가는 기도할 때 완전히 무례해 보일 정도로 솔직해야 한다고 조언했다. 그는 우리가 기도를 하는데 기도하고 싶은 마음이 들지 않으면 고상한 척하지 말고 하나님께 그대로 말하라고 한다. 하나님과의 영적인 일들이 따분하게 느껴진다면 그것을 솔직하게 인정하라. 이 조언은 일부 예민한 성도들에게 충격으로 다가올 것이나, 그럼에도 불구하고 전적으로 타당한 말이다. 심지어 어떤 사람이 무지해서 사실상 무분별하게 기도하는 잘못을 범할 때에도 하나님은 정직한 영혼을 사랑하신다. 하나님은 곧 그의 무지함을 고쳐주실 수 있으나 위선에 대한 치료책은 알려진 바가 없다.

문명화된 사람들이 기본적으로 가지고 있는 인위성은 떨쳐내기가 어렵다. 그것은 우리의 혈관 속으로 들어와, 우리가 상상하는 것보다 훨씬 더 심각하게 우리의 생각과 태도와 관계에 영향을 미친다. 최근 몇 년 안에 등장한 인간관계에 관한 책들을 보면 그것의 근간이 되는 철학은 기만이고, 권장하는 기술은 원하는 목적을 이루기 위해 아첨을 교묘하게 이용하는 것이다. 그 책은 믿기지 않을 정도로 널리 퍼졌고, 실제로 수백만 부가 팔렸다. 물론 그 책의 인기는 사람들이 듣고 싶어 하는 말을 해준다는 사실로 설명될 것이다.

좋은 인상을 주고 싶은 욕구가 인간의 행동을 결정하는 모든 요소 중 가장 강력한 것이 되었다. 품위 있는 사회의 윤활유인 '예의'는 우리 시대에 완전히 가식적인 가짜 에티켓으로 전락해버렸다. 그것은 고요한 연못의 기름띠처럼 희미하게 빛나는 표면 아래 참된 사람의 모습을 감추고 있다. 어떤 사람들이 자신의 진정한 자아를 드러내는 유일한 순간은 그들이 화를 낼 때이다.

이 왜곡된 예의가 인간 사회에서 사람들의 거의 모든 말과 행동을 결정하고 있으니, 하나님과 우리의 관계에서 완전히 정직하기가 어려운 것은 놀라운 일이 아니다. 그것은 일종의 정신적 반사작용으로 이어지며 우리가 인식하지도 못하는 사이에 나타난다. 그럼에도 불구하고, 그것은 하나님께 지극히 가증스러운 것이다. 그리스도는 바리새인들 사이에서 그것을 발견하셨을 때 몹시 혐오하셨고 가차없이 정죄하셨다.

꾸밈없는 어린아이는 여전히 우리 모두를 위한 거룩한 모델이다. 우리가 모든 가식을 거부하고 사람들 앞에서뿐만 아니라 하나님 앞에서도 완전히 정직하기를 배울 때 기도는 더 능력 있고 실제적인 것이 될 것이다.

과거의 한 위대한 그리스도인은 친구들 사이에서 놀라움을 일으킬 정도로 그러한 빛과 승리의 경지에 갑자기 이르렀다. 어떤 사람이 그에게 무슨 일이 벌어졌는지 물었다. 그는 단지 어느 날 하나님의 임재 안으로 들어가, 기도할 때 절대로 마음에 없는 말을 하지 않겠다고 굳게 맹세했을 때 능력 있는 새 삶이 시작되었다고 대답했다. 그의 변화는 그 맹세와 함께 시작되었고, 그것을 지키면서 계속되었다. 우리는 원한다면 거기서 무언가를 배울 수 있다.

* God Tells the Man Who Cares, 1993; Camp Hill, PA: WingSpread, 2010 재출간.

인위성, 공상, 외모에 대한 관심이 두드러지게 나타나는 우리 시대에, 숨김없는 솔직함은 찾아보기 힘들다. 그리스도를 믿는 참된 신자인 우리는 다른 사람들이나 우리 자신을 호도하기 위해 진리를 잘못 전달해서는 안 된다. 정직과 기만은 공존할 수 없다!

우리는 이사야 53장 9절로부터 우리 구주의 입에 어떠한 거짓도 없었다는 것을 알 수 있다. 또한 예수님이 "보라 이는 참으로 이스라엘 사람이라 그 속에 간사한 것이 없도다"(요 1:47)라고 나다나엘을 칭찬하셨던 것을 기억하라. 과연 예수님이 우리의 행위와 기도 생활에 거짓이 없다고 칭찬해주실지 스스로에게 질문해보아야 할 것이다.

마찬가지로, 로마서 1장 29절에서 더 이상 하나님을 인정하지 않는 자들은 계속해서 "모든 불의, 추악, 탐욕, 악의 … 시기, 살인, 분쟁, 사기, 악독이 가득한 자"라는 말을 듣는다. 참된 신자로서 우리는 "빛의 아들이요 낮의 아들이라 우리가 밤이나 어둠에 속하지 아니하나니"(살전 5:5)라고 했다. 따라서 우리는 세상의 거짓된 방식들을 취하거나 거기에 동참하지 말아야 한다. 그것은 우리의 기도 생활에 영향을 미칠 것이다. 그런 관점에서, 토저는 기도할 때 하나님 앞에서 정직한 것이 그리스도 안에서의 삶과 기도 생활을 변화시킨다고 강력히 주장한다.

17세기 프랑스 주교, 프랑소와 페넬롱(Francois Fenelon)은 기도할 때 하나님 앞에서의 정직함에 대해 몇 가지 강력한 발언을 했다.

당신의 마음에 있는 것을 모두 하나님께 말씀드려라. 친한 친구에게 마음 속 기쁨과 아픔을 모두 털어놓듯이. 하나님께 당신의 어려움을 말씀드리면 그분이 당신을 위로해주실 것이다. 그분께 당신의 열망들을 말씀드리면 그것을 정결케 해주실 것이다. 하나님께 당신이 싫어하는 것들을 말씀드리면 그것을 정복하도록 도와주실 것이다. 당신을 유혹하는 것들을 말씀드리면 그것들로부터 당신을 보호해주실 것이다. 하나님께 당신 영혼의 상처를 보여드리면 그분이 그것을 치유해주실 것이다. 선한 일에 대한 무관심과 악을 선호하는 부패한 마음, 당신의 불안정한 상태를 다 털어놓으라. 당신의 자기애가 어떻게 다른 사람들을 부당하게 대하게 만드는지, 당신의 허영심이 어떻게 가식을 부추기는지, 당신의 교만이 어떻게 당신 자신과 다른 사람들에게 자신을 숨기는지 다 말씀드려라.

당신이 이렇게 자신의 모든 약함과 필요와 어려움들을 털어놓으면 결코 할 말이 없어지지 않을 것이다. 주제가 계속 갱신되기 때문에 결코 고갈되지 않을 것이다. 서로 비밀이 없는 사람들은 절대로 대화의 주제가 부족하지 않다. 그들은 감출 것이 없기 때문에 자신의 말을 저울질하지 않는다. 할 말을 찾지도 않는다. 그들은 마음에 가득한 것을 말한다. 고민하지 않고 그저 자신의 생각을 이야기한다. … 하나님과의 그런 친숙하고 거리낌 없는 대화에 도달한 사람들은 복이 있다.[14]

우리도 성령의 능력 안에서 그런 정직한 기도를 하려고 노력한다면 하나님과 그런 대화를 나누는 축복을 경험하게 될 것이다. 토저는 "우리가 모든 가식을 거부하고 사람들 앞에서뿐만 아니라 하나님 앞에서도 완전히 정직하기를 배울 때 기도는 더 능력 있고 실제적인 것이 될 것이다"라고 말한다. 앞으로 정직한 기도를 위해 노력함으로써 하나님을 더 잘 알게 되기를 바란다.

생각하고 적용하기

1 "대개 우리는 거짓과 기만의 땅에 살고 있다. 태어날 때부터 우리 안에 주입되어 있는 기만과 불신의 심리학이 있다. 그러나 우리가 하나님나라의 영역, 믿음의 영역으로 들어갈 때는 모든 것이 다르다는 걸 알게 된다."[15]

토저의 말처럼 우리는 이 세상의 부정직한 방식들을 채택해왔다. 참된 신자들이라도, 때로는 우리 자신도 모르게, 혹 때로는 우리가 아는 대다수의 신자들이 그렇게 행하기 때문에 미묘하게 부정직한 길을 가게 된다.

그런 부정직함은 우리의 말과 생각과 행동들에 스며든다. 슬픈 사실은 이 방식이 우리의 기도 생활과 하나님과의 교제 안으로 들어와 버렸다는 것이다. 이 부정직함의 방향으로 조금만 나아가도 우리 자신과 다른 사람들과 하나님께 더욱더 부정직해진다.

그 부정직한 작은 걸음들을 반성하고 회개하는 시간을 가지라. 그것들을 확인했으면, 이 작은 부정직함들이 은혜의 보좌 앞에 열린 마음으로 나아가 하나님의 음성을 들을 수 있는 당신의 능력에 어떤 영향을 끼쳐 왔는지 생각해보라.

2 우리의 가장 큰 부정직함은 우리의 기도 생활이 괜찮다고 생각하는 것일 수 있을까? 실제로는 기도하지 않고 능력이 없는데 말이다. 토저는 "우리가 모든 가식을 거부하고 사람들 앞에서뿐만 아니라 하나님 앞에서도 완전히 정직하기를 배울 때 기도는 더 능력 있고 실제적인 것이 될 것이다"라고 말한다. 다음 한 주 동안 성령의 능력 안에서, 당신이 하나님과 사람들 앞에서 정직하도록 도와달라고 하나님께 간구하라. 한 주 뒤에는 은혜의 보좌 앞에서 당신의 시간들을 돌아보라.

3 당신의 기쁨과 고통, 어려움, 허영, 갈망, 미움, 무관심, 유혹, 영혼의 상처, 교만한 관점, 부패한 취향, 그리고 특히 당신의 약점들을 은혜의 보좌 앞으로 가져가는가? 프랑소와 페넬롱의 말을 카드나 종이에 기록하여 한 달 동안 성경책의 책갈피로 사용하라. 기도에 있어 정직함이 어떤 것이어야 하는지를 상기하기 위함이다. 다음 한 달 동안은 일주일에 세 가지 항목을 실천해보라. 예를 들면, 월요일엔 당신의 기쁨을, 수요일엔 아픔을, 토요일엔 당신의 어려움을 털어놓으라. 그리고 그다음 주에는 다른 세 가지 항목에 초점을 두라. 한 달이 지난 후, 당신이 하나님 앞에서 더 솔직하고 정직해졌다고 느끼는지 평가해보라!

4 "꾸밈없는 어린아이는 여전히 우리 모두를 위한 거룩한 (기도의) 모델이다." 이 아이는 문명화된 인간들의 인위성에 오염되지 않았고, 좋은 인상을 남기는 것에 대한 관심을 보이지 않으며, 거짓되고 위선적인 예의에 의해 영향을 받지 않았고, 종교적인 용어와 시대의 태도들에 의해 편견을 갖게 되지도 않았다. 어떻게 하면 빠르게 변하는 우리 사회에서 이런 기도의 모델을 일구어낼 것인가? 일주일 동안 어린아이처럼 기도해보라. 그 일주일이 지난 후, 하나님 앞에서 당신의 정직함을 평가해보라!

CHAPTER 19

기도의 영성을 드러내는 공적 기도

한 사람의 영성의 깊이는 그의 공적인 기도들의 특징을 보면 아주 정확하게 알 수 있을 것이다. 성경의 기도들은 하늘에 계신 우리 아버지를 가장 기쁘게 해드리는 기도의 가장 완전한 예들로 남아 있다. 그 기도들은 매우 담대하면서도 공손하고, 친밀하면서도 깊은 경건함이 있다.

마르틴 루터의 기도를 들은 사람들은 그 기도들이 듣는 자들에게 끼친 어마어마한 영향에 대해 말해주었다. 그는 가슴을 뭉클하게 하는 겸손함으로 시작했고, 그의 영은 완전한 헌신으로 고개를 숙였으며, 때로는 듣는 사람들을 깜짝 놀라게 할 만큼 담대하게 탄원하곤 했다.

오늘날 우리 가운데는 가짜 신비주의가 존재한다. 그것은 하나님과의 애정 어린 친밀감에 영향을 미치지만, 참된 예배자가 거룩하신 하나님 앞에서 느껴야 할 숨막힐 듯한 경외심이 결여되어 있다. 이렇게 바보같이 웃기만 하는 영은 때때로 종교적인 유아어를 사용한다. 그것은 지극히 높으신 분을 대하는 이들에게 전혀 어울리지 않는 말이다.

소위 그리스도인이 무례할 만큼 친숙한 목소리로 아기 소리를 내며 자신이 '사랑하는 예수님'이라고 부르는 이에게 지나치게 감상적이고 달콤한 말들을 쏟아내는 것을 듣는 것은, 한때 하늘이 열리는 것을 보고 그 거룩한 존재 앞에 할 말을 잃고 서 있었던 사람에게는 충격적인 경험이다. 불타는 덤불 앞에 엎드렸던 사람이라면 그 후로 하나님에 대해 가볍게 말할 수 없고, 더구나 경솔한 태도로 하나님을 대할 수는 없을 것이다.

호레스 부쉬넬(Horace Bushnell)이 밤하늘 아래 벌판에서 기도할 때 그 옆에 무릎 꿇고 있던 그의 친구가 자기 팔을 몸 쪽으로 바싹 끌어당겼다. "나는 내 손을 뻗기가 두려웠네. 혹시라도 하나님께 닿을까 봐"라고 그는 말했다.

기도는 듣는 사람들을 향해 하는 것은 아니지만, 그럼에도 불구하고 그것은 사람들에게 들리도록 하는 것이기에 솔직히 그것을 염두에 두고 기도해야 한다. 바울은 고린도전서에서 이것을 명백히 밝힌다. 다른 종교적인 위인들과 마찬가지로 피니(Finney) 또한 이것에 대해 할 말이 많았다.

우리는 이 종교적 겉치레의 시대에 공적인 기도의 문제를 전반적으로 다시 생각해보는 것이 좋을 것이다. 경건한 생각과 신앙적인 비판이 있을 때 영적인 요소를 잃지 않을 수 있다.

* The Early Tozer, 1997; Camp Hill, PA: WingSpread, 2010 재출간.

 ## 토저와 함께 탐색하기

기도의 영성을 평가하는 것에 가장 근접한 이야기는 성전에서 기도하는 바리새인과 세리에 관한 비유이다. 그 이야기는 아래와 같다.

"또 자기를 의롭다고 믿고 다른 사람을 멸시하는 자들에게 이 비유로 말씀하시되 두 사람이 기도하러 성전에 올라가니 하나는 바리새인이요 하나는 세리라 바리새인은 서서 따로 기도하여 이르되 하나님이여 나는 다른 사람들 곧 토색, 불의, 간음을 하는 자들과 같지 아니하고 이 세리와도 같지 아니함을 감사하나이다 나는 이레에 두 번씩 금식하고 또 소득의 십일조를 드리나이다 하고 세리는 멀리 서서 감히 눈을 들어 하늘을 쳐다보지도 못하고 다만 가슴을 치며 이르되 하나님이여 불쌍히 여기소서 나는 죄인이로소이다 하였느니라 내가 너희에게 이르노니 이에 저 바리새인이 아니고 이 사람이 의롭다 하심을 받고 그의 집으로 내려갔느니라 무릇 자기를 높이는 자는 낮아지고 자기를 낮추는 자는 높아지리라 하시니라"(눅 18:9-14).

바리새인은 자신에게, 혹은 사람들에게 보이기 위해 기도했으나 세리는 하나님께 기도했다. 바리새인은 감사하는 말을 했으나 세리는 감사로 가득한 마음을 가지고 있었다. 바리새인은 자신을 다른 사람들과 비교하며 자신이 남들보다, 그 세리보다도 더 낫다고 생각했다. 반면에 세리는 오직 하나님과 자신을 비교했다. 바리새인은 교만했으나 세리는 겸손했다. 더 나쁜 것은 바리새인이 육신의 일들을 자랑했다는 것이다. 그러나 세리는 기도 속에서 자신의 믿음을 드러냈다. 바리새인은 율법에 관한 지식이 많았으나 그것을 행한 경험은 없었다. 오늘날 많은 사람들이 하나님의 뜻을 행하는 것보다 그 뜻을 아는 것을 좋아하는 것과 비슷하다. 결국 바리새인은 기도할 때 아무런 간청도 하지 않았으나 세리의 기도에는 모든 자비와 은혜의 하나님께 자비를 구하는 간구가 있었다.

바리새인의 기도는 종교적인 사람들에게 감동을 주었을지 모르나 하나님께는 그렇지 못했다. 그 사람의 기도는 자아 의식이 부풀려져 있고, 하나님에 대한 의식은 축소되었으며, 가치에 대한 의식은 왜곡되었기 때문이다.[16] 그의 전체적인 기도는 '나' 중심적이었지 '하나님 중심'이 아니었다.

세리의 기도에서 반복되는 말에 어떤 마법 공식이 있었던 것은 확실히 아니지만, 하나님은 우리가 세리의 마음, 즉 죄에 대해 민감하고 하나님의 은혜에 전적으로 의존하는 마음을 갖기를 바라신다. 우리가 개인적으로 그렇게 기도한다면 공적으로도 그와 같이 기도할 것이다.

생각하고 적용하기

1 영성은 공적인 기도뿐 아니라 개인적인 기도에도 나타난다. 공적인 기도는 듣는 자들에 의해 평가될 수 있지만 사적인 기도는 또 다른 문제다. 가끔씩이라도 우리의 기도를 글로 기록하여 그것이 '나' 중심적인지 '하나님' 중심인지 살펴보는 것도 도움이 될 것이다. 그 기도를 하나님 앞에 놓고 당신의 마음과 기도의 말들을 살펴주시길 간구하라. 당신에게 영적 멘토가 있다면 그에게 경건한 비판을 부탁하라.

2 토저는 성경에 나오는 기도들이 어떻게 기도해야 하는지를 보여주는 가장 완벽한 본보기들이라고 옳게 지적한다. 구약 성도들의 기도, 신약성경에 나오는 예수님의 기도에 관한 가르침, 복음서에 나오는 예수님의 실제 기도들, 서신서에 나오는 기도의 내용을 두 달에 한 번은 꼭 공부하도록 하라. 기도에 관한 연구를 할수록 당신의 기도에 변화가 나타나기를 기대하라! 기도 일지에 당신이 발견한 사실들을 기록하라.

3 공적 기도와 사적 기도는 하나님과의 깊은 친밀감을 나타내야 한다. 그것은 매일 성령의 능력 안에서 그리스도와 동행함으로 더 강력해진다. 예를 들면, 당신과 하나님과의 친밀감은 창세기 18장에 나오는 아브라함과 하나님의 관계만큼 풍부한가? 하나님과의 그런 깊은 친밀감은 어떻게 길러지는가?

4 "우리는 이 종교적 겉치레의 시대에 공적인 기도의 문제를 전반적으로 다시 생각해보는 것이 좋을 것이다. 경건한 생각과 신앙적인 비판이 있을 때 영적인 요소를 잃지 않을 수 있다." 당신의 영향력이 미치는 영역과 당신의 교회 안에서 이 말을 평가해보라.

CHAPTER 20

가장 좋은 것은
쉽게 주어지지 않는다

이렇게 뒤틀린 세상에서는 가장 중요한 것들을 배우기가 가장 힘들다. 또한 역으로, 가장 쉽게 오는 것들은 장기적으로 우리에게 실제적 가치가 거의 없는 경우가 많다.

이것은 그리스도인의 삶에서 분명히 나타난다. 우리가 가장 힘들지 않게 배우는 것들은 피상적이고 덜 중요한 활동들이고, 정말 중요한 훈련들은 힘들다는 이유로 회피하는 경우가 자주 있다. 그것은 다양한 형태의 기독교 봉사, 특히 사역에서 더욱 분명히 볼 수 있다. 가장 어려운 활동들이 가장 많은 열매를 맺고, 열매가 적은 봉사활동들은 가장 적은 노력을 들인 것들이다. 지혜로운 사역자는 이 덫에 걸려들지 않을 것이다. 혹 그가 이미 덫에 걸린 사실을 발견한다면 거기서 빠져나가기 위해 완강히 싸우며 안간힘을 쓸 것이다.

성공적으로 기도하는 것은 설교자가 열매 맺는 설교를 하기 위해 반드시 배워야 할 첫 번째 교훈이다. 그러나 기도는 그가 해야 할 가장 어려운 일이며, 인간적으로 다른 것보다 덜 하고 싶은 유혹을 느낄 활동이다. 그는 기도를 정복하기로 마음먹어야 하며, 그것은 먼저 자신의 육신을 정복해야 한다는 것을 의미한다. 언제나 기도를 방해하는 것은 육신이기 때문이다.

사역과 연관된 거의 모든 것은 일반적인 수준의 지적인 적용으로 배울 수 있을 것이다. 설교를 하거나 교회 일을 운영하거나 사교적인 방문을 하는 것은 어렵지 않다. 결혼식과 장례식은 에밀리 포스트(Emily Post)의 에티켓에 관한 책과 〈사역자 매뉴얼〉(Minister's Manual)의 도움을 조금 받으면 순조롭게 진행할 수 있다. 설교문 작성은 구두 제작만큼 쉽게 배울 수 있다. 도입, 결론과 모든 것을 말이다. 오늘날 대부분의 교회에서 행해지는 사역의 모든 일들도 마찬가지다.

그러나 기도는 다른 문제다. 에밀리 포스트도 도움이 안 되고 사역자 매뉴얼도 도움을 주지 못한다. 하나님의 사람이 홀로 외롭게 싸워야 하며, 때로는 금식과 기도로, 말로 다 못할 만큼 피곤하게 싸워야 한다. 모든 사람은 독창적이 되어야 한다. 참된 기도는 모방하거나 다른 사람에게 배울 수 있는 것이 아니기 때문이다. 모든 사람은 마치 자기 혼자만 기도할 수 있는 것처럼 기도해야 하며, 그의 접근법은 개인적이고 독립적이어야 한다. 성령 외에 모든 사람들로부터 독립해야 한다.

토마스 아 켐피스(Thomas a Kempis)는 하나님의 사람은 대중 앞에서보다 그의 기도실에서 마음이 더 편안해야 한다고 말한다. 사람들 앞에 서는 걸 좋아하는 설교자는 영적으로 그들 앞에 설 준비가 거의 되어 있지 않다고 해도 과언이 아니다. 올바른 기도는 청중 앞에 서는 걸 주저하게 만들기 쉽다. 정말로 하나님 앞에서 편안함을 느끼는 사람은 자신이 일종의 내적 모순에 빠져 있다는 걸 발견할 것이다. 그는 자신의 책임을 너무나 강렬하게 느껴서 청중을 대면하는 것만 아니면 거의 뭐든지 하려 할 것이다. 그러나 그의 영이 느끼는 압력이 너무 강해서 야생마들도 그를 강단에서 끌어내지 못할 것이다.

그 누구도 먼저 하나님 앞에 서지 않고는 청중 앞에 서지 말아야 한다. 강단에서 한 시간 설교를 하기 전에 여러 시간 동안 하나님과 교제해야 한다. 기도실이 강단보다 더 친숙한 곳이어야 한다. 기도는 지속되어야 하지만 설교는 간헐적이다.

중요한 것은 학교들이 가장 중요한 부분인 기도를 제외하고 설교에 관한 것들을 가르친다는 점이다. 이 약점을 학교들 탓으로 돌려서는 안 된다. 기도는 가르칠 수 있는 것이 아니라, 오직 행해야 하는 것이기 때문이다. 학교나 책(또는 논문)이 해줄 수 있는 최선은 기도를 권하고 그것의 실천을 촉구하는 것이다. 기도 자체는 개인의 일이어야 한다. 그것이 최소한의 열정으로 수행하는 종교적인 일이라는 사실은 우리 시대의 비극이 아닐 수 없다.

＊ God Tells the Man Who Cares, 1993; Camp Hill, PA: WingSpread, 2010 재출간.

토저와 함께 탐색하기

성경은 예수님이 기도에 대해 가르치셨을 뿐만 아니라 또한 매일 하나님의 뜻을 알고 행하는 데 있어 반드시 필요한 영적 훈련으로 여기셨다고 말한다. 예를 들면, "새벽 아직도 밝기 전에 예수께서 일어나 나가 한적한 곳으로 가사 거기서 기도하시더니"(막 1:35)라고 했다. 예수님은 열두 제자를 선택하시기 전에 밤새 기도하셨다(눅 6:12,13). 또 누가복음 5장 16절에는 "예수는 물러가사 한적한 곳에서 기도하시니라"라고 기록되어 있다.

생의 중요한 순간에, 다른 사람들의 깊은 필요에 직면했을 때, 사람들에게 거절당하신 후에, 최후의 만찬에서, 겟세마네 동산에서, 그리고 십자가에서 아버지께 드린 기도가 예수님의 삶에 배여 있었다. 그분은 언제나 기도하셨고, 기도에 관한 가르침이 그분의 사역 곳곳에 흩어져 있었다.

그러나 흥미로운 사실은 예수님이 어떤 곳에서 기도하고 계실 때 제자들 중 한 명이 그분께 다가와 "주여 요한이 자기 제자들에게 기도를 가르친 것과 같이 우리에게도 가르쳐 주옵소서"(눅 11:1)라고 말했다는 것이다. 기도에 관한 모든 본보기와 가르침을 받고도 제자들은 여전히 매우 부족하고 기도할 준비가 제대로 되어 있지 않다고 느꼈다. 최근에 세 제자(베드로, 야고보, 요한)가 잠이 들어 실패했던 것, 골짜기에서 다른 아홉 명의 제자들이 한 아버지의 외아들에게서 귀신을 쫓아내지 못했던 사건이 어떻게 기도해야 하는지에 대한 이 질문을 촉발시켰을 수도 있다. 후자의 사건에서 예수님의 대답은 "기도 외에 다른 것으로는 이런 종류가 나갈 수 없느니라"라는 것이었다 (막 9:29).

믿음이 없는 곳에 기도가 없다면, 하나님과 그분의 말씀에 대한 진실하고 끈질긴 믿음이 있는 곳에는 간절하고 끊임없는 기도가 있기 마련이다. 귀신을 쫓아내기가 얼마나 어려운지, 고통의 정도가 어떠한지, 속박의 강도가 얼마나 파괴적인지, 기만이 어느 정도인지 알려면 기도가 필요하다. 일단 하나님의 관점에서 이것을 보았으면, 그 상황에 대한 하나님의 특별한 해결책이 적용되어야 한다. 제자들은 분명 삶과 사역 속에서 기도와 성공에 대한 마법 같은 공식을 찾고 있지만, 실제로 그런 것은 없다.

토저는 "기도는 가르칠 수 있는 것이 아니라 오직 행해야 하는 것이다"라고 말할 때 제자들의 이 질문의 실체를 포착한다. 우리는 기도 대신 과거에 도움이 되었던 방법과 수단들에 의지하는 성향이 강하다. 우리에게 찾아오는 많은 어려움과 시련, 문제들이 단순해 보일지 모르나 사실은 매우 복잡하다.

문제가 극히 어렵다면, 우리는 그 문제의 다양한 부분들(보이는 부분과 보이지 않는 부분들)에 대해 기도하고 어떻게 진행할지에 대한 하나님의 일정표를 알기 위해 하나님의 말씀과 함께 거룩한 통찰과 분별력이 필요하다.

하나님 앞에 가져가기에 너무 작은 것은 없다. 스가랴 4장 10절은 "작은 일의 날이라고 멸시하는 자가 누구냐?"라고 말한다. 그 작음이 문제의 유형과 관련된 것이든, 매우 복잡한 문제의 작은 부분들을 말하는 것이든 상관없다.

이렇게 기도하는 것은 그리스도와 성령과 성령의 검을 지속적으로 의존하는 것과 더불어 삶에 배어 있는 영적 훈련이다. 이러한 기도가 많은 신자들의 삶에 배어 있지 않은 이유 중 하나는 우리의 문제들을 일차원적인 것으로 보고, 많은 보이지 않는 문제들과 부수적인 문제들이 있는 다면적인 것으로 여기지 않기 때문이다.[17]

매일매일 성령의 감독 하에 연습을 해야 그것이 삶에 배어들게 된다. 게다가 신자는 유아식만 먹고서는 내일의 기도 전쟁에서 살아남을 수가 없다. 유아식은 우리 마음이 선과 악을 분별하도록 준비시켜주지 않기 때문이다(히 5:14). 그는 "우리 주 곧 구주 예수 그리스도의 은혜와 그를 아는 지식에서 자라"가야 한다(벧후 3:18).

강단에서 성령의 능력으로 견고한 성경적 가르침이 전해지고 우리가 매일 성경을 상고하는 것(행 17:11)이 은혜와 지식 안에서 성장하여 기도의 효율성을 증대시키는 데 도움이 될 것이다. 우리는 순전히 우리의 관점에서 이 효율성을 평가하지 않고 하나님의 관점에서 바라보도록 주의해야 한다. 즉 하나님이 영광을 받으시는 것에 중점을 두어야 한다.

생각하고 적용하기

1 설교자에게 설교의 열매는 성공적인 기도와 연관되어 있다. 그러나 평신도에게도 그와 같은 연관성을 적용하여, 그의 사역과 직장과 가정의 열매가 기도의 성공과 관련되어 있다고 볼 순 없을까? 당신이 아브라함(창 18장)이나 여호수아(출 33:7-11)처럼 하나님 앞에서 오래 머물며 기도하게 해주는 성경적인 일정표가 있는지 솔직하게 질문해보라. 당신이 얼마나 자주 기도하는지 평가해보라. 오늘 거의, 혹은 전혀 기도하지 않은 것에 대해 당신은 뭐라고 대답하겠는가? 하나님께서 당신을 처음 사랑으로 돌아오게 하기 위해 일으키실 변화들에 대해 기도하라!

2 토저는 사람이 "기도를 정복하기로 마음을 먹어야 하며, 그것은 먼저 자신의 육신을 정복해야 한다는 것을 의미할 것이다. 언제나 기도를 방해하는 것은 육신이기 때문이다"라고 말했다. 이 말을 깊이 생각해보라.

3 "하나님의 사람은 홀로 외롭게 싸워야 하며, 때로는 금식과 기도로, 말로 다 못할 만큼 피곤하게 싸워야 한다. 모든 사람은 독창적이 되어야 한다. 참된 기도는 모방하거나 다른 사람에게 배울 수 있는 것이 아니기 때문이다. 모든 사람은 마치 자기 혼자만 기도할 수 있는 것처럼 기도해야 하며, 그의 접근법은 개인적이고 독립적이어야 한다. 성령 외에 모든 사람들로부터 독립해야 한다." 토저의 말에 비추어볼 때, 그룹 기도, 기도에 관한 독서, 신구약 성도들의 기도에 관한 연구, 기도에 관한 성경 본문

들의 분석은 어디에 해당하는가? 다시 말하지만, 당신이 지난 한 해 동안 이러한 기도의 싸움과 여정을 겪어 왔는지에 대해 성령의 감찰 아래서 스스로 정직하게 질문해보라. 그렇지 않다면 앞으로 며칠 동안 하나님께 당신의 기도 시간을 거룩하게 해달라고 기도하라. 그런 경험을 해왔다면 하나님께 기도의 다음 단계로 부드럽게 인도해주시길 기도하라.

4 우리는 설교와 책들과 같은 것들이 기도하라고 권면을 하는 데도 오늘날 기도에 대한 열정이 거의 없다는 사실에 동의해야 한다. 기도에 대한 이런 권면들이 간접적인 것들이기 때문에 우리의 마음과 동기를 변화시켜 기도하게 하지 못하는 걸까? 어쩌면 우리는 하나님이 그분의 때에 해결해주지 않으시면 어떤 해결책도 없는 곤경을 만난 것인지도 모른다. 우리는 하나님과 그분의 길들과 우선순위들을 이해하기 위해 하나님 말씀 안에서의 직접적이고 깊이 있는 시간이 필요할 것이다. 몇 달 동안 아브라함, 모세, 다니엘, 그 외 인물들의 기도를 연구하고, 당신의 기도 시간이 거룩해지고 당신의 기도들이 새로운 방향으로 나아가게 하라.

5 당신은 직장에서, 공동체 안에서, 정계에서, 사역에서, 가정에서 사람들 앞에 있을 때보다 기도실에 있을 때 더 평안을 느끼는가? 앞으로 한 달 동안 기도할 때 더 편안함을 느끼도록 도와달라고 하나님께 기도하라. 그렇게 될 때 어떤 변화들을 보게 될 거라고 기대하는가?

CHAPTER 21

리더십의 영적 자격을 갖추라

기도는 교회 안의 한 그룹에게만 할당되는 일이 아니다. 그것은 모든 사람의 의무이자, 모든 사람의 특권이다. 기도는 교회의 호흡 기능이다. 그것이 없으면 우리는 숨이 막혀서 결국 죽는다. 기도는 성별을 구분하지 않는다. 영혼에는 성별이 없으며, 기도는 영혼이 해야 하기 때문이다. 여자들은 기도할 수 있고, 그들의 기도는 응답을 받을 것이다. 남자들도 기도할 수 있다. 교회에서 하나님이 그들에게 주신 공간을 가득 채워야 한다면 남자들이 그렇게 해야 한다.

어느 사이엔가 여자들은 기도하고 남자들이 교회를 운영하는 상태에 이르지 않는지 살펴보자. 기도하지 않는 남자들은 교회 일을 지휘할 권한이 없다. 우리는 성도들의 영적 공동체 안에서

남자들의 리더십을 믿지만, 그 리더십은 영적인 가치로 획득해야
하는 것이다.

리더십은 비전을 요구한다. 그런데 하나님 앞에서 겸손하고
간절히 기도하는 시간이 아니면 어디서 비전이 오겠는가? 다른
모든 조건이 같을 때 기도하는 여자가 기도하지 않는 남자보다
교회를 위한 하나님의 뜻을 훨씬 더 잘 알 것이다.

나는 여기서 교회를 여자들에게 맡겨야 한다고 주장하는 것
이 아니다. 다만 남자들이 계속 교회의 향방을 결정하려면 그들
사이에 적절한 리더십의 영적 자격이 있는지 알아보아야 한다는
것이다. 단지 남자라는 것만으로는 충분치 않다. 영적인 남자만
이 자격이 있다.

"형제들아 너희 가운데서 성령과 지혜가 충만하여 칭찬 받는
사람 일곱을 택하라 우리가 이 일을 그들에게 맡기고"(행 6:3)라
고 사도들이 명령했다. 이 명령의 결과로 선택받은 사람들이 최
초의 교회 집사들이 되었다. 이와 같이 어떤 교회 일들의 방향은
영적으로 자격을 갖춘 남자들에게 맡겨졌다. 오늘날 우리도 그
와 같은 기준을 유지해야 하지 않겠는가?

＊ We Travel an Appointed Way, 1988; Camp Hill, PA: WingSpread, 2010 재출간.

이 부분에서 기도에 관한 토저의 글은 그 시대에 그가 교회 안에서 보고 있던 것을 반영한다. 즉 여자들이 남자들보다 훨씬 더 많이 기도했다는 것이다. 우리가 한 걸음 뒤로 물러나 하나님 앞에서 정직하게 돌아본다면, 일부 교회에서는 오늘날 상황이 거의 그와 같으나 대부분은 최악일 것이다. 왜냐하면 남자든 여자든 기도를 거의 하지 않기 때문이다.

로마서 12장 12절은 모든 신자들이 '기도에 힘써야' 한다고 말하며, 유다서 1장 20절은 신자들에게 "너희는 너희의 지극히 거룩한 믿음 위에 자신을 세우며 성령으로 기도"하라고 권면한다. 우리가 지극히 거룩한 믿음 위에 자신을 세우려면 하나님의 말씀(하나님께 귀 기울이는 것), 성령의 능력 안에서 그 말씀에 순종하는 것(하나님 앞에서 의롭게 행하는 것), 하나님께 기도하는 것(매일 하나님과 대화하는 것)이 필요하다. 본질적으로 모든 신자들은 '기도에 힘쓰라'는 권면을 받으나, 그 기도는 하나님의 말씀에 근거를 두고 성령의 능력을 힘입은 기도여야만 한다.

사도 바울은 언제나 우리 주변에서 영적 싸움이 일어나고 있음을 상기시킨다.

"끝으로 너희가 주 안에서와 그 힘의 능력으로 강건하여지고 마귀의 간계를 능히 대적하기 위하여 하나님의 전신 갑주를 입으라 … 모든 기도와 간구를 하되 항상 성령 안에서 기도하고 이를 위하여 깨어 구하기를 항상 힘쓰며 여러 성도를 위하여 구하라"(엡 6:10,11,18).

그의 말이 우리의 영혼을 자극하여 성경이 현실 세계임을 깨우쳐주어야 한다. 토저 자신은 많은 성도들이 이 세상을 전쟁터가 아닌 놀이터로 여기며, 따라서 싸우는 대신 장난만 치고 있다고 지적했다. 그러면 결과적으로 그들은 하나님과 교회, 그들 자신의 가정에 대해, 그리고 그리스도를 위해 그들의 세상에 영향을 미치기 위해 기도가 어떤 가치를 가지는지 알지 못하게 된다. 이렇게 교회 안의 남자들 혹은 여자들 사이에서 기도하는 모습을 볼 수 없는 것이 우리가 하나님의 말씀과 믿음의 행위에 있어 메말라 있다는 증거이다.

E. M. 바운즈는 기도에 대해 다음과 같이 말했다.

오늘날 교회에 필요한 것은 더 많은, 혹은 더 좋은 기계나 새로운 조직이나 새로운 방법들이 아니라, 성령께서 사용하실 수 있는 사람들이다. 즉 기도하는 사람들, 기도의 능력을 가진 사람들이다. 성령은 방법이 아니라 사람들을 통해 흘러나온다. 그분은 계획이 아니라 사람들, 즉 기도하는 사람들에게 기름을 부으신다. [18]

유감스럽게도, 우리는 하나님만을 더 신뢰하고 의지하는 대신 방법들과 장치, 전략들을 점점 더 의지하는 것을 보고 있다. 그 추세를 어떻게 바꿀 수 있을까? 우리는 언제나 영원히 하나님의 길들과 그분의 우선순위들을 취하며 "하나님의 능하신 손 아래에서 겸손"해야 한다 (벧전 5:6). 우리가 참으로 이 타락한 세상에서 빛과 소금 같은 하나님의 사람들이 되어야 한다면, 이것은 남자 여자 모두에게 적용되는 것이다.

1 "기도는 교회 안의 한 그룹이나 다른 그룹에게만 할당할 수 있는 일이 아니다. 그것은 모든 사람의 의무이자, 모든 사람의 특권이다. 기도는 교회의 호흡 기능이다. 그것이 없으면 우리는 숨이 막혀서 결국 죽는다." 이 말을 깊이 생각하고 당신의 교회와 상황들 속에서 그것을 정직하게 평가할 수 있게 해달라고 하나님께 기도하라. 더 좋은 것은, 이상한 일들이 일어날 때 기도를 요청할 사람들이 있는지 스스로 질문해봄으로써 그것을 개인적으로 적용하는 것이다. 당신 또한 계속 기도하고 있는가 아니면 그 책임을 전적으로 다른 사람들에게 떠넘기고 있는가? 이런 상황에서 하나님이 당신의 기도 생활에 어떤 변화를 일으키시겠는가?

2 우리도 모르는 사이에, 기도가 교회에서 모두의 우선순위가 아니라 엄선된 소수의 일로 전락하기 쉽다. 당신의 교회와 삶 속에서 기도의 우선순위는 어떠한가? 당신의 교회나 사역의 리더들은 기도의 사람들로 알려져 있는가? 당신의 기독교 공동체 안에서 기도의 중요성과 실천에 대해 감지할 수 없는 움직임이 있었는가? 그 형세를 역전시키기 위해 무엇을 해야 하는가? 남자들과 여자들에 의한 이런 형세의 전환에 대해 기도하는 시간을 가져라.

3 "리더십은 비전을 요구한다. 그런데 하나님 앞에서 겸손하고 간절히 기도하는 시간이 아니면 어디서 비전이 오겠는가?" 이 말을 깊이 묵상하라.

4 너무나 많은 경우, 지역 교회에서 지도자들을 뽑을 때 후보자에게 기도에 헌신하고 있는지를 묻지 않는다. 사도들은 사도행전 6장 4절에 분명히 나타나 있듯이 올바른 헌신을 하고 있었다: "우리는 오로지 기도하는 일과 말씀 사역에 힘쓰리라". 당신의 삶과 사역에서 기도가 그런 우선순위를 갖고 있는지 솔직히 질문해보라. 이 기도의 우선순위 문제로 씨름하던 젊은 신자나 이 우선순위를 갖고 있지 않은 교회 리더십의 후보자에게 무슨 말을 해주겠는가?

CHAPTER 22

하나님은 언제나
기도에 응답하시는가?

여론과 달리, 무비판적인 믿음의 심리학을 함양하는 것은 전폭적인 선이 아니며, 너무 멀리 갈 경우에는 악이 될 수도 있다. 마귀는 온 세상에 위장폭탄을 설치했고, 그중 가장 치명적인 덫은 종교적인 것이다. 과오는 성소에서 발견될 때만큼 무고해 보일 때가 없다.

아무 해가 없어 보이지만 치명적인 덫들이 가장 다량으로 나타나는 영역이 바로 기도의 영역이다. 두꺼운 책에 담을 수 있는 것보다 더 달콤한 기도에 대한 관념들이 있다. 그것은 모두 잘못되었고 사람들의 영혼에 매우 해롭다.

그런 거짓된 관념 중 하나를 생각해본다. 그것은 종종 의문의 여지가 없는 정설에 관한 다른 관념들과 함께 미소를 지으며 발견된다. 그것은 바로 "하나님은 언제나 기도에 응답하신다"라는 것이다.

이 오류는 기도 응답에 대한 기대들이 충족되지 않을 것이 명백해졌을 때, 실망한 그리스도인이 큰 충격을 받는 것을 막기 위한 일종의 다목적 철학 요법으로 성도들 가운데 모습을 드러낸다. 그것은 하나님이 항상 수락하거나 거절을 하시거나 또는 구하는 것 대신 다른 것을 주심으로써 기도에 응답해주신다고 설명한다.

불순종 때문에 요청을 거절당한 탄원자의 체면을 지켜주기 위해 이보다 더 훌륭한 계략을 생각해내기는 어려울 것이다. 따라서 기도가 응답되지 않을 때 그는 밝게 웃으며 "하나님이 안 된다고 하셨어요"라고 설명할 수밖에 없다. 그것은 매우 편안하다. 그의 불안정한 믿음은 혼란에 빠지지 않으며, 그의 양심은 흔들리지 않을 수 있다. 그러나 그것이 정말 정직한 것인지 의문이다.

성경이 그 용어를 사용하는 것처럼, 또한 그리스도인들이 그것을 역사적으로 이해한 것처럼, 기도 응답을 받으려면 두 가지 요소가 있어야 한다. 첫째, 구체적인 은혜를 얻기 위해 하나님께 명백한 간청을 드려야 한다. 둘째, 그 간청에 대한 응답으로 하나님께 분명한 은혜를 받아야 한다.

의미를 왜곡하거나 이름표를 변경하거나, 당황한 여행자가

자기 위치를 확인하도록 돕기 위해 여행 중에 지도를 수정하는
일은 없어야 한다.

하나님이 우리를 위해 기존 상황을 바꾸어주시기를, 즉 기도
에 응답해주시기를 간청하며 나아갈 때 우리가 충족시켜야 할
두 가지 조건이 있다. 첫째, 우리는 하나님의 뜻 안에서 기도해
야 한다. 둘째, 옛날 그리스도인들이 종종 '기도의 땅'이라고 부
르는 곳에 있어야 한다. 즉 우리는 하나님을 기쁘게 해드리는
삶을 살아야만 한다.

하나님의 계시된 목적들과 정반대되는 것을 해달라고 하나님
께 간구하는 것은 소용없는 일이다. 확신을 가지고 기도하려면,
자신이 구하는 것이 하나님의 사람들을 위한 그분의 넓은 뜻 안
에 있다는 것을 알아야 한다.

두 번째 조건 또한 매우 중요하다. 하나님은 세상적이고 육
신적인, 또는 불순종하는 그리스도인들의 간청을 들어주어야 할
의무를 갖지 않으셨다. 그분은 오직 그분의 뜻대로 행하는 자들
의 기도만 들으시고 응답해주신다.

"사랑하는 자들아 만일 우리 마음이 우리를 책망할 것이 없
으면 하나님 앞에서 담대함을 얻고 무엇이든지 구하는 바를 그
에게서 받나니 이는 우리가 그의 계명을 지키고 그 앞에서 기뻐
하시는 것을 행함이라 … 너희가 내 안에 거하고 내 말이 너희
안에 거하면 무엇이든지 원하는 대로 구하라 그리하면 이루리

라"(요일 3:21,22; 요 15:7).

하나님은 우리가 기도하기 원하시며 우리의 기도에 응답하기 원하시지만, 특권으로서 우리의 기도의 용도와 훈련으로서 그분의 기도의 용도가 혼합되게 만드신다. 기도 응답을 받으려면 우리가 하나님의 조건들을 충족시켜야만 한다. 우리가 그분의 계명들을 무시한다면 우리의 간구는 응답되지 않을 것이다. 하나님은 오직 겸손하고 순종하는 영혼들의 간청에 따라 상황을 바꾸어주실 것이다.

하나님이 언제나 기도에 응답하신다는 궤변은 기도하는 사람이 훈련을 받지 못하게 만든다. 이 부드러운 궤변을 사용함으로써 그는 이 세상에서 진지하고 의롭고 경건하게 살아야 할 필요성을 무시한다. 그리고 사실상 하나님이 그의 기도에 응답해 주시기를 단호히 거절하신 것을 응답 자체로 받아들인다.

물론 그런 사람은 거룩함에 있어 성장하지 않을 것이다. 그는 씨름하고 기다리는 법을 결코 배우지 못할 것이다. 그는 바로잡는 것을 알지 못할 것이다. 그를 부르시는 하나님의 음성을 듣지 못할 것이다. 기도 응답을 받기 위해 도덕적, 영적으로 적합한 상태에 결코 이르지 못할 것이다. 그의 잘못된 철학이 그를 망쳐 버렸다.

그것이 내가 잠시 본론을 벗어나 그의 나쁜 철학의 기반이 되는 나쁜 신학을 조금 폭로하는 이유이다. 그것을 받아들이는 사람은 자기가 어디 서 있는지를 결코 알지 못한다. 자신에게 참된 믿음이 있는지의 여부도 모른다. 자신의 요청이 수락되지 않으면, 하나님이 모든 것을 바꾸셨고 그에게 다른 것을 주셨다고 선언하는 단순한 책략으로 그 결과를 회피하기 때문이다. 그는 자신이 표적을 쏘는 것을 허용하지 않으며, 따라서 사수가 얼마나 뛰어난지 혹은 형편없는지를 분간하지 못한다.

어떤 사람들에 대해 야고보는 명백하게 말한다.

"구하여도 받지 못함은 정욕으로 쓰려고 잘못 구하기 때문이라"(약 4:3).

이 짧은 문장에서 우리는 어떤 것을 구하는 사람들이 도덕적으로 응답을 받을 자격이 없기 때문에 하나님이 요구를 들어주지 않으실 때가 있음을 배운다. 그러나 하나님이 언제나 기도에 응답하신다는 믿음에 현혹된 사람들에게는 이것이 아무 의미가 없다.

그런 사람은 구하여도 받지 못할 때 모자를 한 번 어루만지고는 전혀 다른 형태의 해답을 찾아낸다. 그가 집요하게 고수하는 한 가지는 하나님이 그 누구도 외면하지 않으시며 항상 모든 요구를 들어주신다는 것이다.

사실은 기도하는 사람이 순종적이고 진실할 때 하나님은 항상 성경에 나와 있는 대로 그분의 뜻에 일치하는 기도에 응답해 주신다. 우리는 이보다 더 멀리 가서는 안 된다.

* Man: The Dwelling Place of God, 1966; Camp Hill, PA: WingSpread, 2006
재출간.

토저와 함께 탐색하기

당신은 세상과 친구 되는 것이 하나님을 대적하는 것임을 알고 있는
가? 따라서 "세상과 벗이 되고자 하는 자는 스스로 하나님과 원수 되
는 것"이다(약 4:4). 그렇게 세상과 친구가 된다는 것은 하나님의 생
각을 품지 않고, 하나님의 말씀에 순종하지 않고, 하나님의 뜻 안에
서 기도하지 않으며, 개인적인 일들 속에서 하나님의 뜻이 이루어지는
것이 아니라 자신의 뜻이 이루어지길 원한다는 뜻이다. 세상의 친구
로서, 세속적인 신자는 응답이 거절당할 때 경건하게 자신의 마음을
살피지 않고 하나님이 언제나 기도에 응답하신다는 생각에 속아 넘
어가기 쉽다. 그러나 아브라함과 예수님의 제자들처럼(요 15:14, 15)
하나님의 친구로 불리는 이들은 수락이든 거절이든, 간청을 바꾸는
것이든 다 받아들일 수 있다. 그런 친구들은 아버지를 기쁘게 해드리
는 삶을 살았기 때문에 '기도의 땅'에 서 있었다.

죄의 긴 촉수가 우리의 삶 속에 이르렀을 때, 혹은 우리가 세상에 순
응했을 때 우리는 '기도의 땅'에 있지 않다. 하나님의 뜻은 우리가 계
속해서 죄를 짓지 않는 것이다. 우리는 죄를 범하면-또한 우리는 모
두 죄를 짓는다-그것을 자백하고 하나님의 용서와 깨끗하게 하심을

받는다. 우리는 성령의 능력 안에서 앞으로 나아간다. 죄에 연루되었을 때 하나님은 우리의 기도를 들으실 것이나 그 응답은 거절일 것이다(응답을 받지 못하는 다른 이유들도 있을 수 있다. 예를 들면 지금은 아닌 것이다).

더 나아가, 모든 신자들은 하나님이 그분의 뜻에 반하는 기도들을 절대로 들어주실 수 없다는 것을 알아야 한다. 우리를 위한 하나님의 뜻은 무엇인가? 그것은 우리의 모든 행위와 생각 속에서 거룩해지는 것, 우리 자신을 섬기지 않고 순수하게 하나님을 섬기는 것, 어두움 가운데서 빛이 되는 것, 그리고 그리스도 안에서 제자들을 키워내는 것이다.

이 기도의 땅을 평가하는 한 가지 방법은 하나님 아버지를 향한 우리의 요구사항들을 살펴보는 것이다. 예를 들면, 우리가 구하는 것들 중 얼마나 많은 것들이 단지 남들에게 뒤지지 않기 위한 것인가? 또는 얼마나 많은 간구들이 체면을 유지하고, 우리의 삶의 영역에서 편안하게 지내며, 남들보다 더 혜택을 받고, 또는 남들 앞에서 자랑 거리를 얻기 위한 것인가? 이렇게 근본적으로 세상과 친구가 되는 것은 우리와 전능하신 하나님과의 관계를 약화시키고, 우리의 기도 생활을 약화시키며, 분별력을 상실하게 만든다.

히브리서 5장 14절은 "단단한 음식은 장성한 자의 것이니 그들은 지각을 사용함으로 연단을 받아 선악을 분별하는 자들이니라"라고 말한다. 이 구절을 되짚어보자. 첫째, 그리스도인의 삶에 분별력이 결핍

되어 있고, 기도에 있어서는 더욱더 그렇다. 토저가 영적 분별력의 결핍에 대해 뭐라고 말하는지 주목해보자.

> 내가 말하는 큰 결핍은 특히 지도자들 사이에서 영적 분별력이 없는 것이다. 어떻게 그렇게 성경 지식이 많으면서 통찰력이 없고 도덕적 통찰이 부족할 수 있는지, 그것이 오늘날 종교계의 수수께끼다. … 성경 교리에 대한 지식이 신앙의 깊이를 보장한다면, 이 시대는 분명 역사상 성스러운 시대로 알려질 것이다. 그런데 현실은 그 대신, 교회의 바벨론 포로기 또는 세속성의 시대로 알려질 것이다. 자칭 그리스도의 신부라 하는 자들이 타락한 인간의 아들들의 구애에 넘어가는 경우가 믿기지 않을 정도로 많기 때문이다.[19]

둘째, 이 분별력의 결핍은 하나님의 말씀을 실천함으로써 길러지는 영적 감각이 없는 것에 그 원인이 있다. 신자가 머리로만 알거나 단지 하나님의 말씀에 지적으로 동의할 뿐 그 말씀을 묵상하고 내적인 삶의 일부가 되게 하는 시간을 갖지 않으며, 또는 계시된 진리에 무릎을 꿇지 않을 수 있다. 예수님은 그분을 따르는 자들에게 이렇게 경고하셨다.

"너희가 어떻게 들을까 스스로 삼가라 누구든지 있는 자는 받겠고 없는 자는 그 있는 줄로 아는 것까지도 빼앗기리라"(눅 8:18).

따라서 우리가 하나님의 말씀을 듣고 그것을 우리 삶에 적용하는 것은 분별력을 기르는 데 매우 중요하며, 기도에서도 정말 중요하다. 셋째, 하나님의 말씀으로부터 오는 단단한 음식은 이 분별력을 위해 반드시 필요하다. 고린도전서 3장 1-3절에 나오는 바울의 말이 그 중요성을 잘 보여준다.

"형제들아 내가 신령한 자들을 대함과 같이 너희에게 말할 수 없어서 육신에 속한 자 곧 그리스도 안에서 어린아이들을 대함과 같이 하노라 내가 너희를 젖으로 먹이고 밥으로 아니하였노니 이는 너희가 감당하지 못하였음이거니와 지금도 못하리라 너희는 아직도 육신에 속한 자로다 너희 가운데 시기와 분쟁이 있으니 어찌 육신에 속하여 사람을 따라 행함이 아니리요"(고전 3:1-3).

성경으로부터 오는 단단한 음식은 신자의 삶 속에서 성령의 능력 주심과 역사를 동반하며, 그것이 성경의 진리를 사실로 만든다. 그러나 많은 신자들이 단단한 음식을 갈망하지 않는다. 그들은 젖으로 만족하며 말씀의 기본 원리들을 반복해서 배우는 것에 머물러 있다(히 5:11-13). 또한 그들이 듣고 싶은 말만 해주고 그들 자신의 욕망을 만족시켜줄 스승들을 많이 두었다(딤후 4:3). 그 최종 결과는 세상과 벗되어 하나님과 원수가 되는 것이며, 그 증거가 자신의 불순종 때문에 기도 응답을 받지 못하는 것을 분별하지 못하는 것이다.

우리는 "하나님 앞에서 그리스도의 향기"가 되어야 하며(고후 2:15) 자연인처럼 행하지 않고 우리의 세속성 때문에 하나님 아버지께 악취가 되어서는 안 된다. 우리의 기도는 하나님의 보좌 앞에서 감미로운

향이 되어야 한다. 우리의 기도 응답들을 올바로 분별하도록 도와달
라고 간구하며 성령의 능력 안에서 그러한 것을 얻으려고 노력하기
바란다!

1 영혼에 해를 끼치는 몇 가지 예는 ⑴ 신자가 성령 하나님께 자기 마음을 살피사 기도 응답을 방해하는 세속적인 마음이나 경건치 못한 관점들을 드러내달라고 간구하지 않는 것, ⑵ 말씀의 고기에 대한 갈망이 감소되는 것, ⑶ 선과 악에 대한 분별력이 점점 없어지는 것, ⑷ 하나님의 일들에 관한 훈련과 끈기의 감소, ⑸ 거룩함에 있어 성장의 결핍, ⑹ 점점 더 세상에 순응하는 성향이 강해지는 것 등이다. 지난해에 당신이 거절의 응답을 받았던 몇 가지 기도들을 생각해보라. 그 거절의 응답들에 대한 당신의 반응은 어떠했는가? 그 중요한 순간들이 당신의 마음을 움직여 그리스도 안에서 더욱 탁월해지게 만들었는가? 아니면 그 응답을 합리화하여 영적으로 그 자리에 계속 머물렀는가(혹은 당신의 삶에서 오히려 후퇴했는가)? 다음 주에는 이 질문에 대해 깊이 생각하는 시간을 가져보라.

2 거룩한 성장의 결핍, 씨름하며 하나님을 기다리려는 갈망의 부족, 책망을 받아들이려 하지 않는 것, 하나님의 음성을 듣지 못하는 것은 모두 우리의 기도 생활과 아버지와의 교제를 부패하게 만드는 불순종의 표시이다. 이런 징후들이 그리스도 안에서 당신의 삶 속에 나타났는지 돌아보는 시간을 가지라. 그 징후들이 당신의 영적 훈련과 하나님의 일들에 대한 열의가 없음을 나타낸다면, 빨리 회개하고 먼저 하나님의 나라를 구하라.

3 우리가 기도의 응답에 관하여 우리의 불순종에 쉽게 속을 수 있다면, 우리의 기도와 응답들을 추적하기 위해 기도 일기를 쓰는 것이 도움이 될 것이다(이 기도 일기가 우리의 기도의 특출함을 남들에게 자랑하기 위한 수단이 되지 않도록 주의해야 한다). 뿐만 아니라 우리의 멘토가 되어줄 수 있고, 잘못을 바로잡는 말과 격려로 우리의 삶에 영향을 끼칠 수 있으며, "모든 행실에 거룩한"(벧전 1:15) 본보기를 보여줄 수 있는 성숙한 신자들이 더 많이 필요하다. 누가 그리스도 안에서 당신의 멘토인가? 그런 사람이 없다면 하나님께 적어도 한 사람은 보내달라고 기도하기 시작하라.

4 토저는 기도를 통해 하나님이 우리와 교제하기 원하시고 이 타락한 세상에서 우리의 영향권에 변화를 일으키거나 영향을 미치기 원하신다는 것을 간결하게 포착했다. 개인적으로 나는 때때로 나의 죄나 바쁜 일정, 또는 잘못된 우선순위로 인해 기도하지 않음으로써 어떤 상황에서 하나님의 최선을 거부하게 될까 걱정이다. 하지만 그보다 더 큰 손해는 내가 우주의 무한하고 전능하신 하나님과 협력할 기회를 놓쳤다는 것이다. 우리가 이 손실을 느끼고 성령의 능력을 힘입어 계속 기도하기를 바란다.

PART 3

믿음의 기도로
나아가라

MOVE FORWARD
TO THE PRAYER OF FAITH

MOVE FORWARD TO THE PRAYER OF FAITH

CHAPTER 23

목표를 명중시키는 기도

기도는 이 땅에서 어떤 일들을 이루시는 하나님의 방법이다. 예수님은 "믿는 자에게는 능히 하지 못할 일이 없느니라"라고 하셨고, 또 "하나님으로서는 다 하실 수 있느니라"라고 하셨다(막 9:23, 10:27). 기도는 하나님과 기도하는 사람을 하나 되게 하며, 하나님이 전능하시니 기도하는 사람도 전능하다고 말한다. 일시적으로 말이다. 이는 그가 전능하신 분과 접촉하기 때문이다.

나는 믿음 없는 겸손과 끊임없는 자책, 즉 미안해하며 소심하고 두려워하는 모습을 너무도 많이 본다. 우리는 그렇게 되지 말자. 히브리서 기자는 "그러므로 우리는 긍휼하심을 받고 때를 따라 돕는 은혜를 얻기 위하여 은혜의 보좌 앞에 담대히 나아갈 것이니라"(히 4:16)라고 했다. 그러므로 담대히 나아가자. 우리는 겸손해야 하지 않는가? 물론 그래야 한다. 하지만 너무 겸손해서 구하지 않는 사람이 되어서는 안 된다. 만약 그렇다면 우리는 마귀의 손에 놀아나고 있는 것이다. 우리는 겸손해야 하지만, 또한 담대히 구하고 찾고 두드려야 한다.

그리고 기대를 가져야 한다. 우리는 자신이 무엇을 기도하는지 명확하게 알고 기도해야 한다. 전에도 말했지만, 기도에 있어 가장 큰 함정 중 하나가 막연하게 기도하는 것이다. 나는 소총 사격을 하러 펜실베이니아 주에 가곤 했다. 지금도 그쪽으로 가면 여전히 하고 싶다. 나는 큰 총을 사용하는 걸 좋아했는데, '쾅!' 소리가 나면서 연기가 하늘로 올라가면 정말로 우쭐한 기분이 들었기 때문이다. 그러나 만일 내가 무언가를 겨냥해서 총을 쏘았다면 대개는 맞추지 못해서 얼굴이 붉어졌을 것이다.

어떤 사람이 막연히 기도할 때 큰 소리를 내면 다른 사람들은 "오, 그는 기도하는 사람이구나"라고 말한다. 그런데 그는 무엇을 놓고 기도하고 있을까? 하나님이 그의 기도를 들으셨을까, 아니면 그는 단지 구름을 향해 총을 쏘고 있는 것인가? 그가 표적을 맞혔는지 어떻게 아는가? 그는 헛간의 벽을 향해 총을 발사하고 있다. 그가 표적을 명중시켰을 수도 있고, 아니면 그저 그곳에 원래부터 옹이구멍이 있었을 수도 있다. 명확한 목표를 향해 쏘았는데 맞추지 못하면 "아, 난 맞추지 못했어. 실망이야"라고 말한다. 내가 어떤 것을 위해 기도하는데 하나님이 그것을 주지 않으셨을 때도 그것을 받았다고 스스로 믿는 것은 하나님께 영광이 되지 않는다.

성령으로 충만해지기 원하는 당신은 "난 지금 그걸 받을 거야"라고 말할 수 있다. 하나님이 당신을 시험하시게 하고, 그분이 당신의 기도에 응답을 주셨는지 안 주셨는지 알려고 하라.

＊ 편집된 설교: 시카고 사우스웨스트 얼라이언스 교회 [20]

토저와 함께 탐색하기

기도에 관한 이 짧은 글은 성공적인 기도를 위한 요소들로 가득하다. 그 요소들은 담대함, 겸손, 필요, 믿음, 기대, 구체적인 요구들이다. 여기서 강조점은 겸손의 옷을 입고, 믿음과 기대를 가지고, 그러면서도 하나님의 말씀에 비추어 담대하게 표현하는, 구체적이고 명확한 (필요에서 비롯되는) 요구에 있다. 앤드류 머리(Andrew Murray)가 이에 대해 잘 말해준다.

우리의 기도는 막연하게 하나님의 자비에 호소하거나 축복을 구하는 불분명한 부르짖음이 되어서는 안 된다. 하나님의 사랑의 마음이 우리의 부르짖음을 이해하지 못하거나 들을 준비가 되어 있지 않은 것이 아니다. 다만 하나님은 우리 자신을 위해 그것을 갈망하신다. 그런 명확한 기도는 우리 자신의 필요를 더 잘 알도록 우리를 가르쳐준다. 정말로 우리의 가장 큰 필요가 무엇인지 알아내려면 시간과 생각과 자기반성이 필요하다. 그것은 우리를 살피고, 우리의 갈망들이 정직하고 실제적인 것인지에 대해 우리를 시험한다. 이를테면 우리가 인내하며 계속 기도할 준비가 되어 있는지를 보는 것이다. 그것은 우리의 갈망들이 하나님의 말씀에 따른 것인지, 우리가 정말로 구하는 것을 받게 될 거라고 믿는지 스스로 판단하도록 인도한다. 우리로 응답을 기다리게 하고, 응답이 왔을 때 알아챌 수 있게 도와준다. [21]

이처럼 구체적이고 명확한 기도는 많은 이점들을 가지고 있다. 첫째, 우리가 자신이 원하는 것을 구체적이고 명확하게 표현하기 위해서는 우리의 필요들을 더 잘 알아야 한다. 그러려면 하나님 앞에서 보내는 시간이 필요하다. 그래야 하나님이 그 요청을 구체적으로 만들어주실 수 있기 때문이다. 우리의 분주하고 번잡한 삶은 하나님 앞에 단순하게, 정직하게, 조용히 앉아 있을 시간을 주지 않는다. 막연한 기도의 좋지 않은 결과는 우리 구주와 하나님을 명확하게 더 잘 알지 못하는 것이다.

둘째, 명확한 요청과 함께하는 우리의 기도 여정은 우리의 믿음이 성장하고 있는지 혹은 정체되어 있는지를 드러내는 믿음의 참된 지표가 된다. 예를 들면, 우리는 인내하며 명확한 요청을 드리되, 시간을 두고 하나님이 그 요청의 자세한 부분들을 변경하시도록 맡기는가? 혹은 구체적인 간청으로 기도하기 시작하지만, 하나님의 때에 오는 하나님의 응답을 기다리다 지치거나 하나님이 우리 뜻대로 응답해주지 않으실 때 화를 내는가?

우리는 기도 응답이 지체되는 것이 하나님의 거룩한 목적의 일부분임을 결코 잊지 말아야 한다. 하나님은 때로 그 거룩한 지체를 통해 우리의 기도를 바꾸시거나 더 명확하게 만드신다. 이방인인 수로보니게 여인이 예수님을 찾아와(마 15:21-28) 자기 딸에게서 귀신을 쫓아내 달라고 계속 간청했을 때 그 요청의 근거는 다윗의 자손 예수님께 있었다. 그러나 성경은 이렇게 기록한다.

"예수는 한 말씀도 대답하지 아니하시니"(마 15:23).

그녀가 예수께 드린 요청의 근거는 성경적으로 옳지 않았다. 즉 예수님은 이스라엘 백성에게는 다윗의 자손이었으나 이방인들에게는 그렇지 않았다. 그럼에도 여자는 다시 간청했다.

"주여, 저를 도우소서!"

이번에도 예수님의 대답은 이러했다.

"자녀의 떡을 취하여 개들에게 던짐이 마땅하지 아니하니라"(마 15:26).

그녀는 끈질기게 요청했고, 예수님의 말씀에 비춰 요청을 수정했다.

"개들도 제 주인의 상에서 떨어지는 부스러기를 먹나이다"(마 15:27).

성경적으로 수정한 구체적인 요청으로 끈질기게 간구한 결과, 그녀는 구하던 응답을 받았을 뿐만 아니라 믿음이 크다는 칭찬도 받았다(마 15:28).

구체적인 간청을 드린 그녀의 여정은 하나님에 대한 큰 믿음과 하나님과의 더 가까운 관계를 보여주었다. 우리도 그녀와 같이 겸손의 옷을 입고 하나님의 말씀 위에 서서, 우리의 구체적인 요청에 대한 응답을 받기 위해 하나님의 능력으로 우리 구세주를 좇아가기 바란다. 그렇게 할 때 하나님의 이름이 영광과 높임을 받으신다!

<h1 style="text-align:center">생각하고 적용하기</h1>

1 "기도는 하나님과 기도하는 사람을 하나 되게 하며, 하나님이 전능하시니 기도하는 사람도 전능하다고 말한다. 일시적으로 말이다"라는 말의 깊이를 생각해보라. 전능하신 하나님과 접촉할 수 있는 이 능력은 개인적인, 혹은 구체적인 상황을 위해 하나님의 뜻대로 구하는 그리스도인의 기도에서 기인하는 것이 아닐까? 그러한 사실이 우리의 기도에 능력을 부여하고, 더욱 하나님의 뜻대로 기도하게 하며, 모든 일에서 하나님의 얼굴을 구하게 하지 않겠는가? 다음 한 주간 동안 스스로에게 이 질문들을 던지며 깊이 생각해보라.

2 막연한 기도는 우리가 하나님께 구한 것을 받았는지 알 수 없게 만든다. 그런 기도는 우리의 믿음을 약화시킬 수 있다. 확실히 우리는 때로 어떤 것을 위해 막연하게 기도하기 시작한다. 하지만 우리가 기도할 때 정말로 하나님의 뜻을 구하고 있다면 하나님께서 그 기도를 수정해주시지 않겠는가? 지난 6개월 동안 애매한 기도를 드리지는 않았는지 돌아보라. 계속 그런 식으로 기도해왔는지, 간청을 중단하지는 않았는지, 혹은 하나님께서 그 간청을 좀 더 구체적으로 만들어주셨는지 점검해보라. 과거에 드렸던 기도의 특성을 살피는 것이 중요하다. 그럼으로써 우리가 은혜와 지식 안에서 자라고 그리스도 안에서 더욱 성숙해질 수 있기 때문이다.

3 바쁜 삶 때문에 기도하고 하나님의 말씀을 연구하며 하나님 앞에 조용히 앉아 있을 만한 시간을 빼앗길 수 있다. 당신의 삶이 그렇다면, 그것이 막연하고 판에 박힌 기도에 대한 설명이 될 수 있을 것이다. 당신의 삶 속에서 명확한 기도 대신 막연한 기도를 드리고 있는 이유를 달리 어떻게 설명할 수 있겠는가?

4 기도 응답의 지연은 신성한 것이다! 그때 드린 기도가 하나님의 뜻에 따른 것이 아닐 수도 있고, 적절한 성경 말씀에 근거한 것이 아닐 수도 있으며, 그 지연이 우리의 인내심과 믿음을 시험하는 것일 수도 있고, 기도 응답으로 우리의 믿음이 부쩍 성장할 때 우리가 그 응답을 인지할 수 있도록 기도를 수정할 필요가 있을 수도 있다. 다음 한 달 동안 매주 15분씩 당신이 경험한 응답의 지체와 당신이 받아들인 결과들을 생각하는 시간을 가져보라. 그로 인해 응답이 지체되는 것과 그 가운데서 당신이 배운 것들에 대해 하나님께 감사할 수 있기를 바란다.

모든 일에 기도로 나아가라

최근 몇 년 동안 사역자들과 선교사들뿐만 아니라 모든 하나님의 사람들이 점점 더 불안하고 초조해하는 것을 보았다. 바울은 빌립보인들에게 "아무것도 염려하지 말고 … 하나님의 평강이 그리스도 예수 안에서 너희 마음과 생각을 지키시리라"(빌 4:6,7)라고 말했다.

하나님은 우리가 내일 일을 알지 못한다고 말씀하셨다. 그렇기에 사람들이 자기 가족들에 대해, 그들의 안전과 건강에 대해 두려움과 걱정을 갖게 되는 것은 자연스러운 일이다. 이런 두려움들은 대개 내면을 향하며 소위 잠재의식 속으로 들어간다. 즉 마음속에서 염려하는 것이다. 그것이 당신의 꿈으로 나타나고, 자기도 모르게 걱정하고 있는 것이다. 당연히 우리는 약해지고,

두려워하게 되며, 불안해지고, 기쁨을 빼앗긴다.

그러면 우리는 어떻게 이에 대처할 수 있을까? 이 넓은 세상에 당신이 두려워할 것은 아무것도 없다면서 "걱정하지 말라"라고 외치는 종교에 귀를 기울일 것인가? 지금 나는 그렇게 어리석지 않다. 나는 불안을 가라앉히기 위해 내 지성을 희생시키지 않을 것이다. 즉 지적인 자살을 선택해서 세상에는 두려워할 것이 아무것도 없다고 내게 말하는 말들을 듣지 않을 것이다.

논리적으로 타당한 위험들이 우리를 둘러싸고 있을 때 우리는 어떻게 두려움에서 벗어날 것인가? 하나님의 사람은 이렇게 말한다.

"아무것도 염려하지 말고 다만 모든 일에 기도와 간구로, 너희 구할 것을 감사함으로 하나님께 아뢰라 그리하면 모든 지각에 뛰어난 하나님의 평강이 그리스도 예수 안에서 너희 마음과 생각을 지키시리라"(빌 4:6,7).

누군가가 우리를 보살펴주고 있다. 성경은 "그가 너희를 돌보심이라"(벧전 5:7)라고 말한다. 우리 주 예수님은 "구하기 전에 너희에게 있어야 할 것을 하나님 너희 아버지께서 아시느니라"(마 6:8)라고 말씀하신다. 또한 예수님은 "너희는 마음에 근심하지 말라"(요 14:1)라고 하셨다. 우리가 고통을 당할 때 예수님도 고통을 당하셨다는 사실을 기억하라.

성경은 하나님을 매우 세심하고 인정 많은 아버지로, 자녀들의 문제를 해결하기 위해 동분서주하시는 분으로 묘사한다. 하나님은 그들을 돌보시고, 그들보다 앞서가시며, 그들을 보살펴주시고, 항상 그들을 인도해주신다. 거기서 당신은 '염려되는 것들이 있으나 나를 보살펴주는 분이 계시니 걱정할 필요가 없다'라는 확신이 염려와 불안의 문제를 해결하는 것을 발견하게 된다.

지금 나는 단지 당신이 기꺼이 하나님께 맡기려 하는지를 묻고 싶다. 마음의 평안은 문제를 부인하는 데서 오는 것이 아니라, 당신의 문제를 하나님께 맡기는 데서 온다는 걸 명심하라. 믿음으로 당신은 당신의 형제요, 인간의 아들이면서 또한 하나님의 아들이신 분께 부탁할 권리가 있다. 또한 하나님이 당신을 보살펴주실 거라면 왜 염려해야 하는가!

＊ 편집된 설교: 장소와 날짜 불명 22

토저와 함께 탐색하기

불안한 감정에서 벗어나 하나님이 주시는 모든 것에 감사하며, 기도하고 하나님께 맡기라는 이 명령은 빌립보서 4장 6,7절을 다룬 토저의 글 중 하나다. 《토저의 강단》(The Tozer Pulpit)에서 가져온 이 짧은 글 외에 같은 본문을 다룬 "모든 일에 기도로"라는 제목의 설교가 있다.[23] 그 설교는 대체할 수 있는 선택사항들을 대부분 언급했다는 점에서 독특하다. 즉, '모든 일에 기도로: 모든 일에 돈으로, 모든 일에 사회적 위신으로, 모든 일에 평판으로, 모든 일에 위원회로, 모든 일에 영업 방식으로, 모든 일에 교육으로, 마지막으로 모든 일에 타협으로'가 있다.

이 모든 대체 옵션들은 하나님 보시기에 부족한 것들이지만, 그리스도인들은 계속해서 그러한 것들로 퇴보한다. 이 중에 하나님을 기쁘게 해드리는 것은 없으며, 각각의 것들은 삶의 스트레스와 불안을 가중시킬 뿐이다.

우리는 모두 신앙생활을 하다가 어느 순간에 돈이나 위신, 평판, 위원회, 영업, 교육, 타협을 선택하는 죄를 범한다. 가장 빨리 성공을 획득할 수 있을 것처럼 보이는 것들을 선택한다. 그러나 성경은 불안에 대한 해결책이 우리를 근심케 하는 모든 일에 있어서 "기도와 간구로, 너희 구할 것을 감사함으로 하나님께 아뢰는" 것이라고 말한다.

고대 이스라엘의 훌륭한 지도자들은 이 진리와 싸웠다. 모세는 하나님의 백성 때문에 좌절하고 분노하여(민 20장) 하나님이 명령하신 대로 반석에게 명령하지 않고 반석을 쳐버렸다. 그는 하나님의 백성과 가축들이 마실 물을 얻었지만, 그것은 하나님의 방법이 아니었다. 그는 빠른 성공을 얻었으나 그에게 주어진 결과는 약속의 땅에 들어가지 못하는 것이었다.

강한 전사였던 여호수아는 기브온 사람들이 가져온 음식과 옷이 낡고 오래된 것을 보고, 그들이 자신들의 곤경에 대해 도움을 구하는 것이 사실이라며 이스라엘 백성과 의견을 같이했다. 그러나 성경은 그들의 명백한 실패를 기록한다. 그들은 "여호와께 묻지 않았다"(수 9:14). 여기서 모세의 제자인 여호수아는 기도하며 결정을 내리지 않고 겉으로 보이는 모습에 의존했다.

또한 사무엘하 24장에서 다윗은 교만함으로 요압 사령관의 조언을 거부하고 인구 조사를 하려 했다. 그는 기도하지 않았고, 역시나 그에 따르는 결과가 주어졌다.

결론은 모세, 여호수아, 다윗이 경건한 사람들이었지만 모든 것을 기도로 하지는 않았고, 그 결과를 경험했다는 것이다. 따라서 우리가 기도를 통하지 않고 우리의 생각이나 힘으로 결정내리기로 할 때, 우리는 그들처럼 엘리트 그룹에 속했다고 여길 것이다. 하지만 하나부터 열까지 하나님께 묻지 않고 결정을 내릴 때, 그에 따른 결과가 있을 거라고 확신할 수 있다. 가장 해로운 결과들은 우리의 믿음과 미래의 순종, 우리의 구세주이자 주님과의 관계가 훼손되고, 신자들과 불신자들 앞에서 우리 하나님의 이름과 영광이 훼손되는 것이다. 그러므로 '모든 일에 기도로' 하기를 부지런히 힘쓰자.

1 성경의 명령은 명백하다. "아무것도 염려하지 말고 모든 일에 기도로 하라"라는 것이다. 의식적으로나 무의식적으로나 불안과 두려움이 존재하는 것은 우리가 모든 일에 기도하기보다는 육신의 다른 방법들에 의존했기 때문 아닌가? 때때로 사람들은 기도로 시작하지만, 하나님이 응답을 지체하시거나 그들이 원치 않는 응답을 향해 움직이시면 불안하고 두려워하며 육신적인 해결책을 만들어낼 다른 방법들을 찾는다. 어떻게 하면 기도하지 않고 불안과 두려움에 대처하는 것을 피할 수 있을까? 멘토가 도움이 될까? 그리스도에 대한 믿음이 더 강해지면 도움이 될 것인가? 또다시 특정한 염려나 불안이 찾아오거든, 그에 대해 즉시 기도하고 그 요청의 근거가 되는 성경 구절을 찾아보라.

2 토저는 "마음의 평안은 문제가 있다는 걸 부인하는 데서 오는 것이 아니라, 당신의 문제를 하나님께 맡기는 데서 온다"라고 말한다. 여기에는 두 단계의 과정이 있다. 첫째, 오직 하나님만이 해결하실 수 있는 문제나 어려움이 있다는 것을 인정하라(우리는 이런 문제들을 우리가 해결할 수 있는 것과 하나님이 해결해주셔야 하는 것들로 분류하는 경향이 있다). 둘째, 하나님이 우리를 보살펴주심을 믿고 그 어려움이나 문제를 하나님께 맡기라. 우리는 그것을 하나님께 맡기지만 스트레스를 받으면 금세 다시 가져오곤 한다. 따라서 우리는 반복해서 지속적으로 문제를 하나님께 맡겨야 한다. 때가 되면 우리의 믿음은 성장할 것이고 똑같은 문제를 하나님께 맡기는 일이 그렇게 빈번하지 않게 될 것이다. 최근에 무엇을 하나님께 맡겼는가? 혹 당신이 그것을 도로 가져오는 바람에 다시 하나님께 맡겨야만 했는가? 솔직하게 지난 2주 동안 당신의 짐을 기꺼이 하나님께 맡기려 했는지 평가해보라.

3 염려나 불안은 우리를 약해지게 하고, 두렵게 하며, 불안하게 만들고, 우리의 기쁨을 빼앗아간다. 걱정 때문에 당신의 기쁨을 빼앗겼던 구체적인 사건이 있는가? 그때 당신이 드렸던 기도의 본질은 무엇이었는가? 물론 사람들이나 환경, 어떤 일들이 우리의 기쁨을 빼앗아갈 수도 있다. 우리는 기쁨을 빼앗아가는 이 도둑들에게 어떻게 대응해야 하는가? 그것은 "모든 일에 기도로" 하는 것이 아니겠는가? 염려는 하나님의 뜻대로 기도하는 우리를 방해하거나 좌절시킬 수 있으니 주의해야 한다. 앞으로 하나님 안에서 누리는 기쁨을 빼앗기지 않기 위해 우리는 어떤 조치를 취해야 할까?

4 염려는 하나님의 성품을 훼손시킨다. 예를 들면, 우리는 하나님의 주권과 싸우고, 그분의 전능하심과 사랑을 의심하며, 날마다 그분의 자비와 신실하심에 의존하려 하지 않는다. 분명히 염려는 자백해야 하는 죄이다. 일단 이 죄를 자백하면 성령 충만을 받고 성경 말씀에 의존함으로써 하나님에 대한 놀라운 관점을 갖게 될 것이다. 하나님께서 당신을 삶의 염려에 민감하게 해주시도록 기도하라. 다시 말하지만, 모든 일에 기도하라.

우리의 중재자, 예수님

상투적인 종교적 문구를 반복하는 위험을 무릅쓰고, 나는 '어떤 상황에서든, 언제나 항상 하나님의 뜻이 최선'이라는 것을 지적해야겠다. 예수님은 왕관을 거절하시고 의도적으로 십자가를 지셨다. 그것은 십자가가 예수님과 인간을 위한 하나님의 뜻이었기 때문이다.

십자가를 지는 것을 두려워하지 말고 하나님의 때에 왕관을 씌워주실 하나님을 의지하자. 우리 시대에 왜 그렇게 많은 사람들이 면류관을 향한 길에서 십자가를 제거함으로 영적인 삶을 단축시키려 하는가?

우리 주님은 아버지의 뜻을 받아들이셨다. 그분은 이스라엘이 그분께 드리기 원했던 왕관을 거절하시고, 대신 로마인들이 그분께 준 십자가를 받아들이셨다. 그리고 3일 만에 죽은 자들 가운데서 부활하셨다. 40일 후에 예수님은 제자들이 보는 가운데 아버지의 우편으로 올라가셨다. 그리고 지금도 거기에 계신다!

예수님은 홀로 산으로 가서서 어떤 일을 하셨는가?(요 6:15) 기도하셨다. 그 누구보다 더 많이 기도하셨던 예수님은 하늘에 계신 아버지와 대화를 나누셨다. 방금 전에 헤어진 제자들에 대해, 예수님으로 인해 음식을 먹었고 무지한 가운데 예수님을 그들의 왕으로 삼고자 했던 오천 명의 사람들에 대해 하나님께 말씀드리셨다.

많은 사람들의 인간적인 계산으로는, 예수님이 기드온과 구약성경의 사사들과 선지자들의 시대처럼 이스라엘을 해방시켜 줄 혁명을 일으키실 것으로 여겨졌다. 그러나 예수님은 이 사람들을 잘 아셨다. 그들 앞에서 왕관을 쓰고 그 세속적인 사람들을 세상의 왕국으로 데리고 들어가는 것은 예수님이 하실 수 있는 최악의 일임을 아셨다. 그래서 예수님은 무지와 혼란 속에 있는 그들을 위해, 자신의 양들을 위해 하나님 아버지께 기도하셨다. 그리고 이것은 정확히 예수님이 지금 하고 계신 일이기도 하다!

예수님은 하늘에서 그분의 백성을 위해 기도하고 계신다. 우리 주님이 저 영광의 땅에서 계속 무릎을 꿇고 계신다는 뜻이 아니다. 그분은 아버지와 계속 대화하고 계신다.

"그러므로 자기를 힘입어 하나님께 나아가는 자들을 온전히 구원하실 수 있으니 이는 그가 항상 살아 계셔서 그들을 위하여 간구하심이라"(히 7:25).

＊ 편집된 설교: 시카고 사우스웨스트 얼라이언스 교회 [24]

 ## 토저와 함께 탐색하기

이 설교에는 '항상'이란 말이 두 번 나온다. 첫째, 예수님의 예가 보여 주듯이, 그분은 '항상' 자신의 삶에서 아버지의 뜻이 이루어지기를 원하셨다. 그 뜻에 대한 예수님의 갈망은 겟세마네 동산에서의 기도에 잘 나타나 있다.

"아빠 아버지여 아버지께는 모든 것이 가능하오니 이 잔을 내게서 옮기시옵소서 그러나 나의 원대로 마시옵고 아버지의 원대로 하옵소서"(막 14:36).

이 기도에는 두 가지 면이 있다. 하나는 잔이 옮겨질 수 없다는 것, 더 직설적으로 말하자면 이 기도는 응답될 수 없다는 것이다. 이 기도의 다음 부분은 하나님의 뜻에 복종하는 기도이며, 그것은 응답되었다. 본질적으로 예수님은 자신의 기도가 응답받지 못하는 것을 견디셨고, 그로써 우리의 기도는 응답을 발견할 것이다. 다시 말하면, 하나님의 최선의 뜻에 대한 예수님의 복종이 우리를 위한 최선으로 이어졌다는 것이다. 하나님의 뜻에 담긴 지혜로 인해 하나님을 찬양하라!

하나님의 뜻은 예수께 그러했듯이 오늘날 우리에게도 언제나 최선이다. 그러나 많은 신자들이 성경에 계시된 하나님의 뜻을 알지 못한다. 그들은 성경의 조언을 받고도 모를 것이다. 혹은 성경이 그들의 삶에 제약을 가한다고 생각되면 무시할 것이다. 물론 그런 반응들은 죄에 빠져 있거나 그리스도 안에서 미성숙한 삶을 전형적으로 보여주는 것이다. 가장 큰 손해는 이 사람들이 기도의 현장에 있지 않고, 그들을 위해 최선인 하나님의 뜻을 보지 못한다는 것이다.

둘째, 예수님은 '항상' 살아 계셔서 우리를 위하여 간구하신다(히 7:25). 예수님은 이 땅에 계실 때처럼 여전히 그분의 양들을 위해 기도하고 계신다.

무엇을 놓고 기도하실까? 확실히 예수님의 기도에는 일반적인 면과 구체적인 면들이 있다. 예를 들면, 예수님은 우리가 행복해지기를 기도하시는 것이 아니라 거룩해지기를 기도하신다. "너희도 모든 행실에 거룩한 자가 되라 기록되었으되 내가 거룩하니 너희도 거룩할지어다 하셨느니라"(벧전 1:15,16).

그분은 우리를 위해 "이 세대를 본받지 말고 오직 마음을 새롭게 함으로 변화를 받아 하나님의 선하시고 기뻐하시고 온전하신 뜻이 무엇인지 분별하도록 하라"(롬 12:2)라고 기도하고 계신다. 이렇게 계속해서 마음을 새롭게 하지 않으면 신자는 하나님의 뜻을 알 수 없기 때문이다.

요한복음 15장에 나오는 예수님의 말씀은 우리를 위한 그분의 기도를 더 많이 보여준다. 즉 예수님은 우리가 그분 안에 거하도록, 열매를 맺고 더 많이 맺도록, 많은 열매를 맺고 그 열매가 남아 있도록, 서로 사랑하도록 기도하신다. 또 우리가 아는 대제사장의 기도에서, 예수님은 아버지께 우리를 악한 자로부터 지켜주시고, 세상이 볼 수 있도록 성부와 성자에 대한 진실한 사랑을 나타내게 해달라고 기도하신다(요 17장). 예수님이 일반적으로 우리를 위해 기도하시는 것들을 나열하자면 매우 길다.

또한 우리는 예수님이 우리를 위해 구체적으로 기도하신다는 것을 안다. 누가복음 22장 31,32절에는 베드로를 위한 예수님의 구체적인 기도가 기록되어 있다.

"시몬아, 시몬아, 보라 사탄이 너희를 밀 까부르듯 하려고 요구하였으나 그러나 내가 너를 위하여 네 믿음이 떨어지지 않기를 기도하였노니 너는 돌이킨 후에 네 형제를 굳게 하라."

모든 것을 아시는 예수님은 베드로가 실패할 거라는 사실을 아셨다. 그런 실패는 신자를 곁길로 새게 하거나 신앙생활에 있어 많이 돌아가게 할 수 있다. 예수님의 구체적인 기도는 (1) 베드로의 믿음이 실패하지 않는 것, (2) 베드로가 주님께 다시 돌아오는 것, (3) 그가 그리스도인 형제들을 강건하게 해주는 것이었다. 예수님의 모든 기도는 응답되었다. [25]

이 기도의 특별함은 모든 신자들에게 큰 격려가 되어야 한다. 우리는 모두 실패하고, 실수를 범하며, 매우 파괴적인 시련을 겪을 것이고, 또한 우리가 거둔 성공이 우리를 쉽게 파멸에 이르게 할 수 있기 때문이다. 예수님은 언제나 우리를 위해 중보해주신다. 그러므로 힘을 내라!

1 "상황이 어떠하든지, 언제나 항상 하나님의 뜻은 최선이다." 그것은 우리 주요 구세주께서 본을 보여주신 대로, 대개 십자가가 먼저 오고 하나님의 때에 왕관을 얻게 됨을 의미한다. 왜 그렇게 많은 그리스도인들이 왕관을 향해 가는 길에서 계속 십자가를 피하려 하는가? 그 회피는 우리의 기도 생활에 어떤 영향을 미치는가? 다음 한 주간 하나님이 당신을 위해 주신 특별한 십자가를 당신이 어떻게 회피하려 했는지 보여달라고 하나님께 구하라. 만약 응답이 없다면, 그다음 주에도 반복하라. 당신의 행보에 그런 회피가 명확히 드러난다면 자백하고 하나님의 깨끗게 함을 받으라. 그리고 새롭게 시작할 수 있도록 성령으로 충만케 해달라고 기도하라.

2 우리가 지금, 혹은 과거에 어떤 고통과 혼돈, 좌절, 침체, 실패, 우회로, 상실, 시련 등을 겪었든 간에, 예수님은 그에 대해 다 아신다. 그분은 우리가 하나님께 영광이 되는 반응을 나타내고, 우리의 반응을 통해 사람들이 그리스도께 이끌리기를 기도하신다. 하나님이 멀리 계신다고 느꼈던 과거의 힘든 경험들을 생각해보라. 예수님이 언제나 우리를 위해 기도하신다는 진리를 그 과거의 경험에 적용해보라. 예수님이 언제나 우리를 위해 기도하신다는 이 진리를 통해 자유롭게 그분의 뜻 안에 거하라.

3 예수님이 '항상' 우리를 위해 기도하신다는 것과 관련하여, 성경은 그분이 구체적인 영역에서 기도하신다고 말한다. 첫째, 예수님은 우리가 어

떤 시련이나 폭풍우를 지나더라도 우리의 믿음이 실패하지 않기를 원하신다. 둘째, 모든 것을 아시는 주님은 이런 폭풍우가 삶을 무너뜨리고 우리로 길을 잃게 만들 수 있지만 또한 우리의 믿음을 정결케 할 수 있다는 것을 아신다. 따라서 그분은 우리가 시련을 대할 때 우리의 유익을 위해 하나님이 허락하신 것으로 보기를 원하신다. 셋째, 주님은 이런 폭풍우나 시련들이 우리의 믿음을 강하게 하고 그리스도 안에서 우리 형제와 자매들을 강하게 해주는 배경이 되길 원하신다.

지난 1년 동안 당신의 삶에서 겪은 폭풍우나 힘든 시련들을 돌아보라. 그리고 당신의 믿음이 더 강해졌는지, 그 경험이 다른 사람들의 삶 속에서 더 풍성한 사역을 위한 발판이 되었는지 스스로 질문해보라. 당신의 대답이 좋지 못하다면, 다음에는 성경적으로 올바른 대답을 할 수 있도록 하나님께 은혜와 힘을 달라고 구하라. 당신의 대답이 옳다면, 어떻게 더 좋은 대답을 할 수 있었을지 하나님께 여쭈어보라.

CHAPTER 26

기도로 준비하라

"시험에 들지 않게 깨어 기도하라 마음에는 원이로되 육신이 약하도다"(마 26:41)라는 말씀의 바로 전과 후에 나오는 내용은 세계 역사상 가장 중요한 사건의 기록이다. 그것이 인류 역사상 다른 어떤 사건들보다 더 강한 역사적 의미가 있고 더 큰 인간의 비애를 담고 있다는 것은 의심의 여지가 없다.

그때에 예수께서 제자들에게 이르시되 오늘 밤에 너희가 다 나를 버리리라 기록된 바 내가 목자를 치리니 양의 떼가 흩어지리라 하였느니라 그러나 내가 살아난 후에 너희보다 먼저 갈릴리로 가리라 베드로가 대답하여 이르되 모두 주를 버릴지라도 나는 결코 버리지 않겠나이다 예수께서 이르시되 내가 진실로 네게 이르노니 오늘 밤 닭

울기 전에 네가 세 번 나를 부인하리라 베드로가 이르되 내가 주와 함께 죽을지언정 주를 부인하지 않겠나이다 하고 모든 제자도 그와 같이 말하니라 이에 예수께서 제자들과 함께 겟세마네라 하는 곳에 이르러 제자들에게 이르시되 내가 저기 가서 기도할 동안에 너희는 여기 앉아 있으라 하시고 베드로와 세베대의 두 아들을 데리고 가실새 고민하고 슬퍼하사 이에 말씀하시되 내 마음이 매우 고민하여 죽게 되었으니 너희는 여기 머물러 나와 함께 깨어 있으라 하시고 조금 나아가사 얼굴을 땅에 대시고 엎드려 기도하여 이르시되 내 아버지여 만일 할 만하시거든 이 잔을 내게서 지나가게 하옵소서 그러나 나의 원대로 마시옵고 아버지의 원대로 하옵소서 하시고 제자들에게 오사 그 자는 것을 보시고 베드로에게 말씀하시되 너희가 나와 함께 한 시간도 이렇게 깨어 있을 수 없더냐 시험에 들지 않게 깨어 기도하라 마음에는 원이로되 육신이 약하도다 하시고 마 26:31-41

인류의 구속자이신 주 예수 그리스도가 죄인들의 손에 배신을 당하기 직전이다. 그분은 거룩한 영혼을 내어주고, 온 인류의 축적된 부패와 도덕적인 오물을 그 영혼에 쏟아부으려 하셨다. 그리고 그것을 십자가로 가져가, 거기에서 고통 가운데 피 흘리며 돌아가실 것이다.

여기에 가장 중요한 한 분이 등장하셨는데, 그분은 이 위기를 예상하고 준비하신 분이다. 당연히 그분은 예수님이셨다. 예수님은 하늘과 땅에 알려진 가장 효과적인 준비로 이에 대비하셨다. 겟세마네 동산에서의 기도로 말이다. 어떤 사람들이 그렇듯이, 우리 주님을 동정하지 말자. 그분이 처음 그 위기를 보시고는 능력의 장소이자 에너지의 근원으로 가서 그 사건에 대비해 자신을 준비시키셨던 것에 대해 감사하자.

예수님이 이렇게 하셨기 때문에 그 우주적 위기를 거뜬히 이기신 것이다. '우주적 위기'라고 말하는 이유는 그것이 이 세상보다 더 큰 것과 관련이 있기 때문이다. 그것은 인류보다도 더 큰 것과 관련이 있다. 주님은 만물이 그분 안에서 연합되고 하늘과 땅이 없어지고 결코 사라지지 않을 새 하늘과 새 땅이 세워지도록 하기 위해 죽어가고 계셨다.

그날 밤 동산에서 이 모든 짐이 하나님의 아들의 어깨에 지워졌다. 그분은 해 아래 알려진 가장 효과적인 방법으로 이것을 준비하셨다. 바로 기도로 하나님께 나아가신 것이다. 그러나 그분의 제자들은 대조적인 모습을 보였다. 그들은 아무것도 예상치 못한 채 그 위기에 다가갔다.

그들은 한편으론 몰랐고, 한편으론 관심이 없었다. 한편으론 너무 세상적이어서 관심이 없었고, 또 한편으론 졸음이 왔다. 따라서 그들은 부주의하고, 기도하지 않고, 졸면서 시간의 바퀴가 굴러가는 대로 이끌려가 그토록 중요한 위기를 맞았다. 이는 세상에 일어난 적이 없었고, 앞으로도 다시 일어나지 않을 중대하고 엄청난 위기였다. 그들이 예측하지 못한 결과, 어떤 사람은 주님을 배신했고, 어떤 사람은 주님을 부인했으며, 모두가 주님을 버리고 도망쳤다.

그리스도는 그 제자들에게, 그리고 오늘날의 제자들에게 커다란 반지에 박힌 작은 다이아몬드 같은 말씀을 주셨다.

"시험에 들지 않게 깨어 기도하라 마음에는 원이로되 육신이 약하도다."

예수님이 그날 밤 동산에서 하신 이 기도는 미리 예상하고 대비하는 기도라는 것을 알아야 한다. 즉 예수님은 하나님의 뜻 안에서 다가오고 있는 일을 예상하고 기도하셨으며, 그에 대비하셨다. 내가 당신의 양심에 새겨두기 원하는 것이 바로 이것이다. 싸움을 싸우기도 전에 지는 것이기 때문에 이렇게 미리 예측하고 대비하는 기도를 연습해야 한다.

당신은 그것을 잊지 않게 기록해놓을 수 있으며, 세계의 역사와 개인의 전기들이 그것을 뒷받침해줄 것이다. 전투는 언제나 싸우기 전에 패배한다. 그것은 사실이었고, 이스라엘뿐 아니라 장기간에 걸쳐 열방들에도 적용되는 사실이다.

구약성경 시대를 돌아보면, 이스라엘이 의로운 길로 행하고 기도할 때는 절대 전쟁에서 패하지 않았다는 것을 발견할 것이다. 그러나 그들이 죄악으로 가득하고 기도하지 않았을 땐 결코 전쟁에서 이길 수 없었다. 그들은 금송아지를 숭배하거나 앉아서 먹고 마시다가 놀기 위해 일어났을 때, 또는 다른 민족들과 혼인하거나 여호와의 제단을 무시하고 나무 밑에서 이방신을 위한 제단을 올렸을 때 언제나 전쟁에서 패배했다. 그때 이스라엘은 전쟁에서 졌다. 그것은 예상된 일이었다. 전쟁이 일어나기도 전에 패배한 것이다.

그것은 겟세마네 동산에 있던 제자들에게도 해당되었다. 그들은 그중 한 명이 저주하며 자기는 제자가 아니라고 말했던 날 아침에 패배하지 않았다. 예수님을 사랑했던 요한도 주님을 버리고 도망가고 모든 제자들이 슬그머니 떠나 어두운 밤 속으로 사라졌을 때, 그때 멸망이 찾아오지 않았다. 멸망은 전날 밤 세 명의 제자들이 지치고 피곤하여 구세주의 음성에 귀를 기울이고 깨어 기도하는 대신 누워서 잠들었을 때 시작되었다. 만약 그들이 깨어서 주님과 함께 기도하고 그분의 신음 소리를 듣고 피 같은 땀을 흘리시는 것을 보았다면 세계의 역사가 바뀌었을지도 모른다. 또한 그것은 틀림없이 그들의 역사를 바꾸었을 것이다.

전쟁은 싸우기 전에 패배할 뿐만 아니라 또한 싸우기 전에 이기는 것이기도 하다. 다윗과 골리앗을 보라. 그것은 누구나 아는 이야기다. 우리는 그 이야기를 아이들에게 들려주고, 예술가들은 그 장면을 그리며, 그것은 온 세계의 사상과 문학 속에 자리를 잡았다. 뺨이 불그레한 어린 다윗이 어떻게 키가 거의 3미터나 되며 베틀채 같은 창을 가지고 포효하며 가슴을 치는 거인을 죽였는가 하는 이야기다. 그러나 그 작고 어린 다윗이 나가서 돌 하나로 거인을 쓰러뜨렸으며, 다윗이 들기도 힘들었던 큰 칼로 거인의 머리를 베어, 소리치며 기뻐하는 이스라엘 앞에 보여주었다. 다윗은 언제 전쟁에서 이겼는가? 언제 싸움에서 승리했는가? 그가 그 거대하고 위풍당당한 거인을 만나러 조용히 걸어나갈 때였는가? 아니다!

다른 누가 그 일을 시도했다면 골리앗의 말이 사실임이 입증되었을 것이다. "내게로 오라 내가 네 살을 공중의 새들과 들짐승들에게 주리라"(삼상 17:44)라고 그는 말했다. 다른 상황이었다면 그가 정말 그렇게 했을 것이다. 그러나 다윗은 하나님을 아는 소년이었고, 사자와 곰을 죽인 적이 있으며, 전능하신 하나님이 맡기신 대로 그의 양들을 보살펴왔다. 그는 기도하고 묵상했으며, 밤하늘의 별을 보며 누워서 하나님과 대화했고, 하나님이 보내시면 아무리 강한 원수라도 이길 수 있다는 것을 배웠다. 따라서 다윗이 승리한 것은 그날 아침 두 언덕 사이의 평지에서가 아니었다. 그것은 모두 그의 어머니가 그에게 기도를 가르치고 그가 스스로 하나님을 알아갔던 유년시절로 거슬러 올라간다.

또한 20년이 지난 후 화가 나서 그를 죽이겠다고 협박하는 형을 만날 준비를 하고 있던 야곱이 있다. 그는 그동안 형을 보지 않고 지냈다. 그가 도망쳤기 때문에 에서가 그를 죽일 수 없었던 것이다. 그런데 이제 야곱이 돌아오고 있었다. 하나님은 다음날 두 형제가 얍복강 너머 평원에서 만날 거라는 사실을 알려주셨다.

다음날, 그들은 평원에서 만났다. 그들은 서로 부둥켜안았다. 에서는 야곱을 용서했고, 야곱은 형의 분노와 살의를 물리쳤다. 야곱은 언제 그 일을 했을까? 그 아침에 형을 만나기 위해 강을 건널 때였을까? 아니다! 그는 전날 밤 홀로 하나님과 씨름하면서 그 일을 해냈다. 그때 그는 에서를 이길 준비를 갖추었던 것이다. 에서는 부루퉁하고 근엄했으며, 야곱을 만나면 죽이겠다고 맹세한 후 진지하게 엄포를 놓았던 숲 속의 털보였다.

그런 그가 어떻게 그 맹세를 취소했을까? 어떻게 그 분노에 찬 맹세를 어길 수 있었을까? 야곱이 강가에서 홀로 씨름할 때 전능하신 하나님이 그의 마음에서 그것을 제거해주신 것이다. 언제나 그렇듯이, 야곱은 전날 밤 에서를 이겼다. 그들이 만났을 때가 아니라 만나기 전 날 밤에 그 일이 일어났던 것이다.

엘리야도 마찬가지였다. 엘리야는 아합과 이세벨과 바알의 모든 선지자들을 이겼고 이스라엘에 승리와 회복을 가져다주었다(왕상 18장). 그는 언제 그렇게 했는가? 갈멜산에 있던 그날이었는가? 바알의 선지자들은 하루 종일 기도하고 제단 주위를 뛰어다니며 피가 나도록 자해했다. 그 후 저녁 제사를 드릴 시간에 엘리야가 걸어 올라갔다. 엘리야는 걸으며 짧은 기도를 드렸다. 그것은 우리가 때로 기도회에서 하듯이 20분간 기도하고 멈추는 그런 기도였을까? 길고 유창한 기도였을까? 아니다. 그것은 영어로 62개 단어로 된(히브리어로는 그보다 더 적을 거라 추정한다) 솔직하고 간결한 기도였다.

그 기도는 불을 내려주었는가? 그렇기도 하고 아니기도 하다. 그렇다고 한 이유는, 만일 그 기도를 드리지 않았다면 불이 붙지 않았을 것이기 때문이다. 아니라고 한 이유는, 만일 엘리야가 예전부터 오랫동안 하나님을 알아오지 않았고 갈멜산에 오르기 전에 몇 년, 몇 달, 며칠 동안 하나님 앞에 서 있지 않았더라면 그 기도는 그 자체의 무게 때문에 무너졌을 것이며 그들은 엘리야를 난도질해서 죽였을 것이기 때문이다.

따라서 바알이 패한 것은 갈멜산에서가 아니었다. 그것은 길르앗 산에서 이루어진 일이다. 엘리야가 길르앗에서 왔다는 사실을 기억하라. 털이 많고 텁수룩한 사람이 농부들의 단순하고 소박한 옷차림을 하고 내려왔다. 그는 대담하게 똑바로 앞을 쳐다보았고, 궁전의 예절을 갖추지 않았다. 또는 어떻게 말해야 하는지, 무엇을 해야 하는지에 대해 알지 못했다. 그는 산과 들의 냄새를 풍기며 똑바로 걸어 들어가 겁 많은 공처가인 아합 왕 앞에 서서 말했다.

"저는 엘리야입니다. 저는 여호와 앞에 서 있습니다. 제가 여기 온 것은 앞으로 제가 말할 때까지 비가 내리지 않을 거라는 사실을 말씀드리기 위함입니다. 안녕히 계십시오."

참으로 극적이고, 두렵고, 놀라운 순간이었다. 그러나 그 뒤에는 여호와 앞에 서 있었던 긴 세월이 있었다. 엘리야는 자신이 아합의 궁전으로 보냄을 받게 될 거라는 사실을 몰랐다. 그러나 하나님 앞에서 오래 기도하고 기다리며 묵상함으로써 그것을 기대해왔다.

＊ 편집된 설교: 1957년 6월 9일, 시카고 사우스웨스트 얼라이언스 교회.

1 제자들은 아무것도 예상하지 못한 채 겟세마네 동산에서 위기에 다가 갔다. "그들은 한편으론 몰랐고, 한편으론 관심이 없었다. 한편으론 너무 세상적이어서 관심이 없었고, 또 한편으론 졸음이 왔다." 오늘날 우리도 거듭 이처럼 행하지 않는가? 우리가 예상하지 못하는 원인은 성경에 대한 실제적 지식이 부족하고, 진리를 행하지 않고, 분별력이 없으며, 세상에 밀리고 육신에 이끌리기 때문이다. 작년에 당신이 경험한 위기를 솔직하게 평가해보라. 만일 당신이 위기에 휘청거렸다면 발을 헛디디게 된 원인은 무엇이었는가? 만일 위기를 잘 통과했다면 그 성공의 근본 원인은 무엇이었는가? 어떤 경우든, 당신은 위기를 예상했는가? 위기의 순간에 실패하거나 성공한 결과, 당신은 기도에 대해 무엇을 배웠는가?

2 "예수님은 하나님의 뜻 안에서 다가오고 있는 일을 예상하고 기도하셨으며, 그에 대비하셨다. 내가 당신의 양심에 새겨두기 원하는 것이 바로 이것이다. 싸움을 싸우기 전에 지는 것이기 때문에 이렇게 미리 예측하고 앞서가는 기도를 연습해야 한다." 우리는 어떻게 날마다 앞서가는 기도를 연습할 수 있는가?

3 "멸망은 전날 밤 세 명의 제자들이 지치고 피곤하여 구세주의 음성에 귀를 기울이고 깨어 기도하는 대신 누워서 잠들었을 때 시작되었다." 피로, 졸음, 기도하지 않음, 실망, 영적 훈련의 약함이 우리의 기도 생활을

약화시키고 특히 앞서가는 기도를 하지 못하게 만든다. 토저가 권하는 대로 지난 한 달 동안 어떤 것들이 당신의 기도를 약화시켰는지에 대해 성령의 능력 안에서 생각해보라. 오늘부터 당신의 기도 생활을 회복하기 위해 회개하고 하나님의 도우심을 구하라.

4 다윗은 '골리앗'이라는 위기에 직면했고, 야곱은 가족의 위기에 직면했으며, 엘리야는 바알을 숭배하는 국가적 위기에 직면했다. 누구나 살다 보면 개인의 위기, 가족과 나라의 위기에 직면할 것이다. 지난 몇 년 동안, 그런 위기들 속에서 당신은 어떤 반응을 나타냈는가? 한 지체를 이루는 신자들 사이에서 당신은 다른 사람들의 위기로부터 배우는가? 앞으로 어떻게 다가올 위기에 직면할 것인가? 구체적으로 생각하라!

CHAPTER 27

언제나 기도가 이긴다

예수님과 그분의 제자들, 다윗과 이스라엘, 엘리야와 나머지 사람 모두에게 위기가 닥쳤던 것처럼, 우리에게 닥칠 위기들이 있다. 위기가 우리를 기다리고 있다. 나는 그중 몇 가지를 짧게 말하려 한다.

첫째는 극심한 고난이다. 인류의 역사는 그것이 언젠가 우리 모두에게 다가온다는 것을 보여준다. 우리를 놀라게 하고 약화시키는 독침을 가진 격렬한 고난이 우리에게 다가오면 일부 그리스도인들은 준비되지 않은 상태에서 그 고난을 만난다. 물론 그들은 몰락한다.

그러나 그 몰락을 가져오는 것이 고난인가? 그렇기도 하고 아니기도 하다. 고난이 없었으면 그들이 쓰러지지 않았을 거라는 점에서, 몰락을 가져오는 것은 고난이다. 그러나 그들이 쓰러지게 만드는 것은 고난이 아니다. 만일 그들이 그것을 예상하고 준비했더라면 넘어지지 않았을 것이기 때문이다. "곤경에 빠지는 사람은 힘이 약한 사람이다"라는 속담이 있다. 그의 힘이 약한 이유는 기도가 거의 사라지고 침체되었기 때문이다. 그러나 기도를 많이 하고 강건한 기도를 드리는 사람은 고난이 와도 쓰러지지 않을 것이다.

둘째, 유혹이 있다. 그것은 갑작스럽고 미묘하게 찾아오는 유혹이며, 육적인 사람에게는 너무나 갑작스럽고 너무나 미묘하다. 그러나 미리 앞서가는 기도는 어떠한 유혹에 대해서도 영혼을 준비시켜준다. 다윗이 수치스럽고 비극적인 유혹에 빠진 것은 그가 옥상에 올라갔던 그날이었을까? 아니다! 역사학자들은 중간에 다윗에게 긴 공백 기간이 있었다고 말한다. 그들은 그때 다윗이 무엇을 하고 있었는지 모른다. 나는 다윗이 하지 않은 것 한 가지를 알고 있다. 즉 그는 그의 하나님을 섬기지 않았다. 밖에 나가 별들을 바라보며 "하늘이 하나님의 영광을 선포합니다"라고 말하지 않았다. 물론 그는 그러한 일들을 했지만, 하지 않았던 시기가 있었다. 따라서 다윗은 유혹이 다가오기 전, 그가 허비했던 시간들의 무게 때문에 쓰러진 것이다. 당신이 기도함으로써 유혹을 미리 예측했다면 유혹은 당신을 해칠 수 없다. 그러나 당신이 그렇게 하지 않았다면 유혹은 틀림없이 당신을 넘어뜨릴 것이다.

셋째, 사탄의 공격이 있다. 사탄은 너무 약삭빨라서 획일화할 수 없기 때문에 사탄의 공격은 거의 예측할 수가 없다. 알다시피 사탄이 어떤 공격 패턴을 정했다면 우리가 금세 그 패턴을 알아차릴 것이다. 마귀가 규칙적으로 공격을 한다면 인간은 오래전에 그를 발견해냈을 것이고, 가장 형편없는 오랜 신자도 마귀를 피하는 법을 알았을 것이다. 그러나 사탄은 획일적이지 않고 매우 불규칙적이며 여러 가지를 뒤섞기 때문에, 만일 우리가 믿음의 방패로 우리 자신을 지키지 않는다면 정말 치명적이다.

야구 투수를 예로 들어보자. 그는 1회가 시작될 때 공을 던지기 시작하여 9회까지 동일한 위치에서 동일한 구질의 공을 던지지 않는다. 만약 그렇게 한다면 점수가 128대 0으로 패할 것이다. 그는 어떻게 하는가? 여러 가지 구질의 공을 섞는다. 타자는 공이 어디서 나타날지 모른다. 첫 번째는 위로, 그다음엔 아래로, 그다음엔 안으로, 그다음엔 밖으로, 그다음엔 낮게, 그다음엔 빠르게, 그다음엔 가운데로 던지는 식이다. 그는 그렇게 다양하게 공을 던진다. 투수를 능력 있게 만드는 건 획일성의 부재다. 당신은 마귀가 최고의 메이저리그 투수만큼 영리하지 않다고 생각하는가? 마귀가 그리스도인을 이기는 방법이 불규칙성으로 그를 속이는 것임을 모른다고 생각하는가?

그는 권투선수처럼 한 번은 이쪽에서, 또 한 번은 다른 쪽에서 들어온다. 권투선수가 입장하여 융통성 없이 틀에 박힌 듯 움직인다고 생각하는가? 그는 왼팔로 시작해서 오른팔로 치고, 두 걸음 뒤로 물러났다가 다시 두 걸음 앞으로 나온다. 가장 평범하고 서투른 권투선수가 그와 같은 선수를 이길 수 있겠는가? 권투선수는 또한 머리를 사용해야 한다. 처음에 한 쪽에서 공격을 하고 그다음엔 다른 쪽에서 공격하며, 달려들었다가 물러나고, 뒤로 갔다가 다시 공격하고, 또 왼쪽, 오른쪽으로 움직이며 상대방을 속이고, 옆으로 피하고, 재빨리 머리를 수그리며, 양 옆으로, 아래위로 왔다갔다한다.

마귀는 항상 같은 방식으로 다가오지 않는다. 오늘은 사나운 황소처럼 당신에게 다가오고, 내일은 부드럽게 다가올 것이다. 그리고 다음날은 당신을 전혀 괴롭히지 않을 것이다. 그다음에는 3일 연속 당신과 싸우다가 3주 동안 당신을 혼자 내버려둘 것이다.

세 번의 유혹 후에 어떤 일이 벌어졌는지 기억하는가? 사탄은 잠시 동안 그분을 떠났다. 왜 그랬을까? 당연히 그 의도는 예수님이 방심하시게 하려는 것이었다. 그렇게 마귀는 권투선수처럼 싸운다. 그는 전략을 사용한다. 그렇기 때문에 예측하기가 매우 어려운 것이다. 당신은 그가 다음에 무엇을 할지 모른다. 그러나 항상 마귀가 당신을 노리고 있다고 판단할 수 있다. 따라서 기도하고 깨어서 하나님을 앙망함으로써, 당신은 사탄이 올

때를 대비할 수 있다.

그가 오더라도 당신은 이길 수 있다! 그가 우리에게 온 그날이 아니라 그 전날에, 그가 당신을 괴롭히러 온 정오가 아니라 정오가 되기 전 아침에 말이다. 항상 승리를 거두는 유일한 방법은 문설주에 피를 바르고, 구름기둥과 불기둥이 당신 위에 머무르게 하며, 늘 전투복을 입고 있고, 단 하루도 당신에게 몰래 다가오지 않게 하라. 아침에 일어나 시계를 보며 "기차를 놓치겠어"라고 말하면서 황급히 뛰어나가지 말라. 당신이 급히 가야 한다면 신약성경을 가지고 가라. 출근길에 뉴스나 뉴스를 읽는 대신 신약성경을 읽고, 그다음에 고개 숙여 하나님과 대화하라. 싸울 준비를 하라! 아침에 기도를 아예 건너뛰기보다는 어딘가에서 기도를 부여잡으라.

내가 권하는 것은 단 하루도 당신에게 슬금슬금 다가오지 말게 하라는 것이다. 수요일에 기도하지 않았기 때문에 목요일이 당신을 걱정시키지 않게 하라. 월요일에 기도하지 않고 지냈기 때문에 화요일이 당신을 쓰러뜨리게 하지 말라. 아침 7시에 기도하지 않았기 때문에 오후 3시가 당신을 때려눕히게 하지 말라. 반드시 어딘가에서 기도해야 한다.

마지막으로, 나는 네 가지를 권고한다. 첫째, 마치 모든 일이 잘되고 있는 것처럼 행동하지 말라. 마귀가 한동안 당신을 내버려둔다면 당신은 큰 어려움이 없고 무척 행복하며 상당히 영적인 사람으로 지내면서 이렇게 말하기 쉽다. "그래, 다 잘되고 있어." 그리고 당신은 기도 생활을 소홀히하며 깨어서 기도하지 않는다. 죄와 마귀와 질병과 죽음이 바이러스나 전염병처럼 온 땅에 널리 퍼져 있는 한, 전혀 괜찮은 상황이 아니다. 우리는 건전한 세상에, 당신을 영적으로 건강하게 지키기 위해 설계된 세상에 살고 있지 않다. 이 악한 세상은 우리를 하나님께 인도하는 은혜의 친구가 아니다. 그와 정반대다. 그러므로 모든 것이 괜찮다고 생각하는 대신 항상 잘못되었다고 생각하고, 그들이 어느 방향에서 오든 미리 예측하고 준비하도록 하라.

둘째, 절대로 마귀를 속지 말고 모든 것이 괜찮다고 말하지 말라. 마귀는 믿을 수 없다. 그가 웃고 있다고 상상하지 마라. 귀스타브 도레(프랑스의 미술가) 같은 삽화가가 그린 그림을 보고 "마귀가 그렇게 사납게 생기진 않았는데. 아마 마귀도 산타클로스나 동장군과 비슷할 거야. 그저 가상의 인물일 뿐이지"라고 말하지 마라. 마귀를 믿지 마라. 늘 깨어서 성령을 구하며 기도함으로써 우리에게 올 수 있는 모든 공격을 예상하고 있어야 한다. 마음은 원이로되 육신은 심히 약하다.

셋째, 주님이 "육신이 약하다"라고 말씀하셨으므로 너무 자신하지 말라. 지나치게 자신만만해지면 안 된다! 많은 사람들이 너무 자신해서 싸움에 패했다.

넷째, 기도의 능력을 과소평가하지 말라. 예수님은 우리에게

"깨어 기도하라"라고 말씀하셨다. 그분은 시를 읊고 계신 게 아니었다. 그분은 "깨어 기도하라"라고 하셨고, 그것을 몸소 실천하셨다. 그리고 그 때문에 승리하셨다.

그분은 죄가 혼란에 빠뜨려 빙글빙글 도는 세상을 보셨고, 그분의 사랑의 그물로 그들을 붙잡아 자신의 피를 흘림으로 그들을 구속해주셨다. 그분이 그렇게 하신 것은 전날 밤의 기도와 다른 때에 산에서 하신 기도와 어릴 때부터 줄곧 해오신 기도로 그 끔찍한 사건과 영광스러운 사건을 위해 스스로 준비하셨기 때문이다.

절대 기도의 힘을 과소평가하지 말라. 기도하지 않으면 승리할 수 없고, 기도하면 실패할 수 없다는 것을 명심하라. 물론 그것이 참된 기도이고 말로만 하는 기도가 아니며, 당신의 삶이 당신의 기도와 조화를 이룬다면 말이다. 기도하면 실패할 수 없고, 기도하지 않으면 승리할 수 없다.

주님은 우리에게 미리 대비하는 기도의 본을 보여주셨다. 즉 정해진 시간에 깨어 기도함으로 하나님의 얼굴을 구함으로써 어느 사건이든 대비하신 것이다. 기도를 연습하라. 그러면 어떤 일이 일어나더라도 우리 주 예수 그리스도처럼, 다니엘이나 엘리야나 혹은 다른 믿음의 사람들처럼 당신은 의기양양하게 지나갈 수 있을 것이다. 기도가 언제나 이기기 때문이다.

＊ 편집된 설교: 1957년 6월 9일, 시카고 사우스웨스트 얼라이언스 교회.

생각하고 적용하기

1 극심한 고난이나 유혹, 사탄의 공격은 넓은 범주 안에서 보아도 일곱 가지 위기의 조합을 나타낸다. 즉 세 가지가 모두 동시에 일어나거나, 저마다 따로따로 일어나거나, 둘씩 짝지어 일어나는 세 가지 경우가 있다. 극심한 고난과 유혹과 사탄의 공격의 모든 유형을 고려하면, 절대 육신의 힘으로는 우리에게 다가오는 위기의 다양성과 불규칙성에 대비할 수 없다. 매일 기도로 준비하는 것은 필수다. 지난 일주일 또는 한 달을 돌아보며 어떤 극심한 고난과 유혹과 사탄의 공격들이 당신을 찾아왔는지 생각해보라. 당신은 사전 또는 사후에 그 위기들을 인식하거나 분별하였는가? 전날 또는 그 전 주에 당신의 기도는 어떠했는가? 그런 위기를 위해 기도로 준비하는 것에 대해 무엇을 배웠는가?

2 토저는 앞서가는 기도에 대한 네 가지 권면을 했다. 처음 두 가지는 "모든 것이 잘되고 있는 것처럼 행동하지 말라"는 것과 "마귀에게 속지 말고 다 괜찮다고 말하지 말라"는 것이다. 겉모습은 항상 우리를 속인다. 바울은 우리에게 "마음으로 하지 않고 외모로 자랑하는"(고후 5:12) 것에 대해, 또는 "외모만 보는"(고후 10:7) 것에 대해 경고한다. 이런 관점들은 개인뿐 아니라 신자들의 몸에도 적용된다. 이스라엘의 장로들과 지도자들이 어떻게 기브온 사람들의 겉모습을 보고 판단하여(수 8장) 하나님의 조언을 구하지 않았는지 기억하라. 오늘날 우리도 그와 같이 행한다. 어떻게 하면 실제 상황 대신 겉모습만 보고 휩쓸리지 않을 것인가? "너희가 주 안에서와 그 힘의 능력으로 강건하여지고 마귀의 간계를 능히 대적하기 위하여 하나님의 전신 갑주를 입으라"(엡 6:10,11)라는 말씀은 겉모습을 보고 판단하거나 모든 것이 잘 되고 있다고 말하는 것과 어떻게 연관되는가?

3 과신은 미리 대비하는 기도의 매우 실제적인 장애물이다. 무엇이 이런 과신을 낳는가? 과거의 성공, 그리스도 안에서 성숙하다는 생각, 사회적 신분, 교육, 자기 훈련 또는 자제력, 가장 최근에 이룬 성공, 어쩌면 사탄의 공격과 위기가 잠잠해진 것처럼 보이는 것 때문일까? 토저는 이 과신의 궁극적인 원인은 우리의 육신에 있다고 올바로 지적한다. 사도 바울은 빌립보서 3장 2-16절에서 육신을 신뢰하는 것과 그의 해결책에 대해 말한다. 그가 제시한 해결책을 당신의 삶에 구체적으로 적용하라.

4 우리도 혹 기도의 힘을 과소평가하는가? 기도를 거의 하지 않고, 일관성 없게 기도하며, 위기가 닥칠 때만 기도하고, 다른 어떤 해결책도 소용없을 때만 기도하고, 시간이 있거나 편리할 때만 기도하고, 피곤하지 않을 때만 기도하고, 중요한 시련이나 일생의 사건들에 대해서만 기도하는가? 당신이 기도의 힘을 과소평가하게 만든 변명이나 상황들이 무엇인지 밝혀내라. 그것을 자백하고 하나님께 기도의 힘을 과소평가하지 않도록 도와달라고 간구하라!

CHAPTER 28

약속을 붙들고
끝까지 기도하라

많은 기도들이 드려지고 있지만 어디에도 이르지 못하는 기도가 있다. 그것은 우리에게 아무것도 가져다주지 않는다. 이 사실을 감추거나 부인하려는 것은 아무 유익을 주지 못한다. 그보다는 주일에 온 세계를, 아주 외딴 지역들까지 구원하기에 충분한 기도가 드려지고 있다는 것을 인정하는 편이 훨씬 더 나을 것이다. 그러나 세상은 구원을 받지 못한다. 우리의 많은 기도는 메아리에 불과하다.

이것은 그리스도의 교회에 매우 해로운 영향을 끼친다. 단지 해로울 뿐만 아니라 때로는 처참하기까지 하다. 응답받지 못한 기도는 오랜 시간 동안 성도들 가운데서 다섯 가지 일을 행한다.

첫째, 그것은 기도하는 사람들을 차갑게 만들고 낙심하게 만든다. 우리가 구하는 것을 받을 거라고 기대하지 않으면서 계속 징징거리는 심통난 아이처럼 구하면, 또 계속 그렇게 하면서 응답을 받지 못하면, 마음이 차갑게 식어버리고 낙심하게 만드는 유혹이 찾아온다.

그리고 그것은 자연적인 마음의 불신을 확인해준다. 인간의 마음이 불신으로 가득하다는 것을 기억하기 때문이다. 우리를 처음 불순종의 행위로 이끈 것은 불신이었다. 그러므로 첫 번째 죄는 불순종이 아니라 불신이었다. 불순종은 최초로 기록된 죄이지만, 그 불순종의 행위 뒤에는 불신의 죄가 있었다. 그렇지 않다면 불순종이 나타나지도 않았을 것이다. 그 결과 여기에 위험이 보인다. 기도하는데 응답을 받지 못하고, 온 교회가 기도하는데 응답을 보지 못하는 것은 견고한 영적 성장에 해로운 것이다. 우리가 병자를 위해 기도하는데 그들이 낫지 않거나 심지어 사망할 때, 우리가 구원을 위해 기도하지만 그것을 보지 못할 때, 수많은 일들을 위해 기도하지만 그중 하나도 이루어지는 것을 보지 못할 때, 나는 그 결과는 인간의 마음속에 있는 자연적인 불신을 확인해주는 거라고 말하겠다.

셋째, 응답받지 못하는 기도는 신앙이 비현실적인 것이라는 사상을 부추긴다. 많은 사람들이 이미 신앙이 비현실적이라는 생각을 갖고 있다. 그들은 그것이 순전히 주관적인 것이며, 실제적인 것이 아무것도 없고, 적용할 수 있는 것이 아무것도 없다고 믿는다. 예를 들어, 내가 '호수'라는 단어를 사용하면 사람들은 큰 물웅덩이를 떠올릴 것이다. 내가 '별'이라는 단어를 사용하면 천체를 떠올린다. 그러나 내가 '믿음', '신앙', '하나님' 또는 '천국'이라는 단어를 사용하면 그들이 가리킬 것이 없다. 그것은 도깨비와 요정들같이 실제 세상과 관련이 없는 것들처럼 그저 말뿐인 것이다.

퇴보의 다음 단계는 원수가 신성 모독을 할 기회가 많아지는 것이다. 원수 마귀는 신성 모독을 좋아한다. 입이 더럽고 음란한 신성 모독자다. 나는 마귀를 "더러운 늙은 돼지"라고 부르는 윌리엄 니콜슨(William Nicholson)에게 마음 깊이 공감한다. 마귀는 신성 모독을 좋아하는 음탕한 늙은 돼지다. 그가 몇 주 동안 높은 하늘을 향해 울부짖는 많은 그리스도인들을 데려가 그들이 결코 응답을 받지 못하게 만들 수 있다면, 그의 목소리는 더 음란해지고 하나님을 더욱더 모독할 것이다.

무엇보다 가장 나쁜 것은 그것이 원수로 하여금 현장을 장악하게 한다는 것이다. 군사 전략이 실패할 때 가장 나쁜 부분은 사람들이나 체면을 잃는 것이 아니다. 군사 전략 실패의 가장 나쁜 부분은 적군이 우리의 영역을 장악하게 하는 것이다.

그와 같이 하나님의 사람들이 기도하고 기도해도 아무 효력이 없을 때, 그것은 원수가 그 영역을 장악하게 한다. 이것 자체가 큰 비극이고 재앙이다. 마귀는 도망을 다녀야 한다. 우리는 그의 목덜미 외에는 아무것도 보지 말아야 한다. 그는 언제나 후퇴하고 또 후퇴해야 하며, 그의 최악의 싸움은 후위 전투, 초토화 정책, 방화, 파멸이어야 한다. 그는 언제나 도망을 쳐야 한다. 그런데 그 대신 음탕하고 신성 모독을 즐기는 원수는 잘난 체하고 경멸하며 자기 자리를 지키고 있고 하나님의 사람들은 그가 그렇게 하도록 내버려두고 있다. 이것은 당연히 하나님의 일을 매우 지체시킨다.

기도 응답을 받지 못하는 것, 즉 하늘로 올려 보낸 기도가 공허하게 돌아오는 것은 마치 아무 무기 없이 군대를 보내는 것과 같다. 피아니스트가 손가락 없이 연주를 하려고 하는 것과 같다. 도끼 없이 나무꾼을 숲 속으로 보내는 것과 같다. 하나님의 일은 여전히 그런 상태에 있다.

자, 예수님은 우리가 그의 이름으로 구하면 무엇이든 얻을 수 있다고 하셨다(요 14:13,14; 요일 5:14,15). 사도 요한은 이것이 우리가 그분 안에서 가지고 있는 확신, 담대함, 자신감이라고 말했다. 믿음이 없는 사람은 이런 가르침을 단호하게 거부하고 인간의 이성으로 이해할 수 있는 증거를 요구한다. 믿음이 없는 사람은 "나는 이에 대한 이유를 알아야겠다"라고 말한다. 믿음의 사람은 확신을 갖고 감히 인간의 이성에 의존하지 않는다. 또는 다른 말로 하면, 나는 이성으로 할 수 없는 일을 하기 위해 이성을 사용해왔다. 주로 이성이 할 수 없는 일들이 있다는 것을 보여주기 위함이다. 나는 인간의 이성에 반대한 적이 없다. 다만 인간의 이성이 할 자격이 없는 일을 하려고 하는 걸 반대한다.

오늘날 세상에서 가장 큰 차이를 보이는 그룹은 자유주의자와 근본주의자들이 아니다. 건널 수 없을 정도의 큰 격차는 복음주의적 합리주의자들과 복음주의적 신비주의자들 간에 나타난다. 복음주의적 합리주의자들은 모든 것을 설명하고 증명할 수 있는 상태로 축소시킬 것을 주장하며, 따라서 합리화된 신앙을 가지고 전능하신 하나님을 인간 이성의 낮은 수준으로 끌어내렸다. 그런가 하면, 복음주의적 신비주의자들은 인간의 이성으로 할 수 없는 것들이 있기 때문에 하나님을 믿고 인간의 이성을 믿지 않는다.

인간의 이성과 믿음은 서로 반대되는 것이 아니다. 다만 하나가 다른 하나보다 위에 있다. 우리가 신자가 되면 완전히 다른 세상으로 들어간다. 그것은 작은 이성을 무한히 초월하는 영역이다.

"이는 내 생각이 너희의 생각과 다르며 내 길은 너희의 길과 다름이니라 여호와의 말씀이니라 이는 하늘이 땅보다 높음같이 내 길은 너희의 길보다 높으며 내 생각은 너희의 생각보다 높음이니라"(사 55:8,9).

믿음은 결코 이성과 반대로 가지 않는다. 믿음은 단지 이성을 무시하고 그보다 더 높이 올라가는 것이다. 예를 들면, 이성은 우리에게 예수 그리스도가 동정녀 마리아에게서 태어나셨다고 말할 수 없다. 그러나 믿음은 그분이 그렇게 태어나셨다는 것을 안다. 이성은 예수님이 인간의 모습으로 오셔서 세상의 죄를 지고 돌아가셨다는 것을 증명할 수 없다. 그러나 믿음은 그분이 그렇게 하셨다는 것을 안다. 이성은 셋째 날 예수님이 죽은 자 가운데서 부활하셨다는 것을 증명할 수 없다. 그러나 믿음은 그분이 그렇게 하셨다는 것을 안다. 따라서 이성은 이런 것들을 모르지만 믿음은 안다. 믿음은 지식의 기관이다.

믿음은 가장 높은 종류의 이성이다. 믿음은 우리를 곧바로 하나님의 임재 안으로 이끌고, 우리의 선구자인 예수 그리스도께서 우리를 위해 가신 휘장 뒤로 들어가, 전능하신 하나님을 만나고 그분이 이루시는 일들에 다가간다. 바로 이곳에서 믿음의 사람이 그의 존재의 근원을 만나 교제하고, 그의 생명의 샘을 사랑하며, 하늘과 땅을 창조하신 하나님을 알게 된다. 그는 천문학자가 아니어도 별들을 만드신 하나님을 알며, 물리학자가 아니어도 수학을 만드신 하나님을 안다.

믿음의 사람이 갖고 있지 않은 지식의 기술적이고 논리적인 부분들이 많이 있겠지만, 그는 모든 지식의 하나님을 알고, 휘장을 뚫고 그분의 임재 안으로 들어가며, 숨을 죽인 채 눈을 크게 뜨고 서서 하나님의 경이로움을 바라보고 또 바라본다. 믿음은 그를 그곳으로 데려간다!

하나님이 그렇게 말씀하시면 나는 그런 줄 안다. 왜 그런가? "그를 향하여 우리가 가진 바 담대함이 이것이기" 때문이다(요일 5:14). 믿음이 하는 그 어떤 일도 이성으로 반박할 수 없다. 세계적인 대학교에 결집된 모든 과학적 사실들로도 한 가지 영적 사실을 뒷받침할 수 없다. 우리는 서로 다른 두 영역, 또는 서로 다른 두 세계 안에 있기 때문이다. 하나는 이성을 다루고 다른 하나는 믿음을 다룬다.

하나님의 약속들, 예수님의 보혈의 특성, 하나님의 성품이 우리의 소망의 근거들이다. 우리의 선함이 아니다! 우리가 하기로 약속하는 일, 우리가 이룩한 그 무엇이 아니라 하나님이 우리에게 약속하시는 것이다. 또한 그분은 아들의 공로를 통해 거짓말을 하실 수 없다. 따라서 당신이 어떤 곤경에 처해 있다면 하나님께 나아가 그분을 시험해보지 않겠는가? 무릎을 꿇고 끝까지 기도하라. 끝까지 기도하라! 그렇게 하겠는가?

만일 당신의 가정에 문제가 있거나 사업에 어려움이 있거나 실제적인 곤경에 처했다면 그것에 대하여 하나님께 나아가라. 무릎을 꿇으라. 성경을 펴고 이렇게 말하라.

"하나님, 저는 그것에 대해 생각하지 않았지만 하나님을 믿을 수 있습니다."

그리고 약속들을 찾아보라. 전능하신 하나님은 당신을 실망시키지 않으실 것이다. 하나님은 쇠도끼를 떠오르게 하실 것이며, 그분의 자녀들을 도와주실 것이다.

＊ 편집된 설교: 1955년 8월 21일, 시카고 사우스웨스트 얼라이언스 교회.

1 "주일에 온 세계를, 아주 외딴 지역들까지 구원하기에 충분한 기도가 드려지고 있다는 것을 인정하는 편이 훨씬 더 나을 것이다. 그러나 세상은 구원을 받지 못한다. 우리의 많은 기도는 메아리에 불과하다." 당신의 교회와 그리스도 안에서의 개인적인 삶과 관련하여 이 토저의 인용문이 사실인지 평가해보라. 당신의 교회와 당신은 많은 기도를 드리고 있는가? 당신의 교회와 당신 자신의 삶 속에서 어느 정도로 하나님의 말씀에 순종하고 있는가? 기도는 순종을 대신할 수 없다는 것을 기억하라. "순종이 제사보다 낫기" 때문이다(삼상 15:22).

2 응답받지 못한 기도는 장기간에 걸쳐 성도들 안에 다섯 가지 일을 행한다. 첫째, 기도하는 사람들을 낙심시킨다. 둘째, 자연적인 마음의 불신을 확인해준다. 셋째, 비현실적이라는 생각을 부추긴다. 넷째, 원수에게 신성 모독할 기회를 준다. 다섯째, 원수가 영역을 장악하게 한다. 이 중 어떤 것이 당신의 교회와 당신의 삶 속에 더 분명히 나타났는가? 왜 그렇다고 생각하는가? 당신의 환경에서 원수가 장악한 영역을 되찾으려면 무엇을 해야 하는가? 당신의 상황에 대한 하나님의 특별한 응답을 달라고 하나님께 구하라.

3 어쩌면 아주 많은 시간에 우리는 모든 것을 설명하고 증명할 수 있는 상태로 축소시키는 잘못을 범해왔다. 따라서 합리화된 신앙을 가지고 전

능하신 하나님을 인간의 이성의 낮은 수준으로 끌어내렸다. 성령이 우리의 마음과 생각을 살피셔서 그런 세상적이고 육신적인 관점들을 드러내시도록 하라. 그분이 죄를 깨우쳐주시면, 회개하고 하나님께 더욱더 믿음으로 행할 수 있게 해달라고 기도하라. 물론 이것은 일회적인 경험이 아니라 필요에 따라 반복해야 할 것이다.

4 "믿음은 가장 높은 종류의 이성이다. 믿음은 우리를 곧바로 하나님의 임재 안으로 이끌고, 우리의 선구자인 예수 그리스도께서 우리를 위해 가신 휘장 뒤로 들어가, 전능하신 하나님을 만나 그분이 이루신 일들에 다가간다. 바로 이곳에서 믿음의 사람이 그의 존재의 근원을 만나 교제하고, 그의 생명의 샘을 사랑하며, 하늘과 땅을 창조하신 하나님을 알게 된다." 토저의 이 글에서 당신의 현재 상황을 맞는 격려를 찾아보라.

5 믿음으로 하나님을 바라보라. 믿음으로 그분의 말씀을 믿으라. 당신이 겪고 있는 문제들을 확인하고, 하나님 말씀의 구체적인 약속 위에 서서 그것을 주 하나님께 내어드리라.

미주

영문판 편집자 서문

1) A. W. Tozer, *The Counselor,* comp. Gerald B. Smith, rev. ed. (Camp Hill, PA: WingSpread, 1993), Database 2007, Word Search Corp., chap. p. 10.

4장

2) Earl Radmacher, *You and Your Thoughts: The Power of Right Thinking* (Tyndale, 1977; repr. Dallas, OR: Redeeming Press, 2014), n. p. 이 작은 책은 우리의 마음을 위한 전쟁에 대해 많은 통찰을 준다.

8장

3) Ole Hallesby, trans. Clarence J. Carlsen, *Prayer* (Minneapolis: Augsburg, 1931), p. 27.

9장

4) A. W. Tozer, *Of God and Men* (Harrisburg, PA: Christian Publications, 1960), pp. 103-104.

5) A. W. Tozer, *The Pursuit of God* (Camp Hill, PA: WingSpread Publishers, 2006), p. 76.

6) 위와 같은 책.

10장

7) A. W. Tozer, *The Warfare of the Spirit* (Camp Hill, PA: WingSpread, 1993), p. 123.

8) For more on the topic see W. L. Seaver, *A Mosaic of Faith: 11 Lessons Jesus Taught His Disciples* (Camp Hill, PA: WingSpread, 2012).

11장

9) F. I. Anderson, *Job:* Tyndale Old Testament Commentaries (Downers Grove, IL: InterVarsity, 1976), p. 19.

12장

10) Herbert M. Carson, *The Epistles of Paul to the Colossians and Philemon* (Grand Rapids: Eerdmans, 1975), pp. 95-96.

15장

11) D. A. Carson, *A Call to Spiritual Reformation* (Grand Rapids: Baker, 1992), p. 36.

16장

12) Frederick William Faber, "Majesty Divine," *Faber's Hymns* (n.p., 1862; repr., Charleston, SC: BiblioLife, 2009), p. 5.

18장

13) David M'Intyre, *The Hidden Life of Prayer* (repr., Grand Rapids, Bethany, 1993), n.p.

14) Francois Fenelon, *Spiritual Letters of Archbishop Fenelon* (London: Rivingtons Water Place, 1877), p. 206.

15) A. W. Tozer, *Faith Beyond Reason* (Camp Hill, PA: WingSpread, 2012), chap. 3, "The Direction of the Mind," n. p.

19장

16) Gary Inrig, *The Parables* (Grand Rapids: Discovery House, 1991), pp. 166-169.

20장

17) W. L. Seaver, *A Mosaic of Faith: 11 Lessons Jesus Taught His Disciples* (Camp Hill, PA: WingSpread, 2012), pp. 123-151.

21장

18) E. M. Bounds, *Power through Prayer* (Grand Rapids: Baker, 1972), p. 7.

22장

19) A. W. Tozer, *The Root of the Righteous* (Camp Hill, PA: WingSpread, 2006), p. 124.

23장

20) A. W. Tozer, *Success and the Christian,* comp. James L. Snyder (Camp Hill, PA: Christian Publications, 1994), pp. 99-100.
21) Andrew Murray, *With Christ in the School of Prayer* (repr., Old Tappan, N. J., Fleming H. Revell, 1975), p. 56.

24장

22) A. W. Tozer, *The Tozer Pulpit, Volume One,* comp. Gerald B. Smith, Zur Ltd. Database ⓒ 2007 WORDsearch Corp. 원제목은 "How

to Keep from Having a Nervous Breakdown"였다. A. W. Tozer의 *Renewed Day by Day*에서도 발견된다. Gerald B. Smith (Camp Hill, PA, Christian Publications, Inc., 1980), Nov. 9.

23) A. W. Tozer, "In Everything by Prayer," *The Tozer Pulpit,* ed. James L. Snyder (Alachua, FL: Bridge-Logos, 2006), pp. 41-55.

25장

24) A. W. Tozer, *Faith Beyond Reason* (1989; repr., Camp Hill, PA: WingSpread, 2009), pp. 150-151. 이 설교는 원래 "The Church Is on a Stormy Sea."라는 제목의 장 안에 "God's Will Is Always Best"로 나왔다.

25) W. L. Seaver, *A Mosaic of Faith* (Camp Hill, PA: WingSpread Publishers, 2012), pp. 217-238.

기도 PRAYER

초판 1쇄 발행	2019년 4월 17일
초판 6쇄 발행	2025년 4월 22일

지은이	A. W. 토저
옮긴이	유정희

펴낸이	여진구		
책임편집	이영주		
편집	박소영 최현수 구주은 안수경 김도연 김아진 정아혜		
책임디자인	노지현	마영애 조은혜 정은혜		
홍보 · 외서	진효지		
마케팅	김상순 강성민	마케팅지원	최영배 정나영
제작	조영석 허병용	경영지원	김혜경 김경희

303비전성경암송학교 유니게 과정
이슬비전도학교 / 303비전성경암송학교 / 303비전꿈나무장학회

펴낸곳	규장

주소 06770 서울시 서초구 매헌로 16길 20(양재2동) 규장선교센터
전화 02)578-0003   팩스 02)578-7332
이메일 kyujang0691@gmail.com   홈페이지 www.kyujang.com
페이스북 facebook.com/kyujangbook   인스타그램 instagram.com/kyujang_com
카카오스토리 story.kakao.com/kyujangbook
등록번호 1922-2461
since 1978.08.14

ⓒ한국어 판권은 규장에 있습니다.
이 출판물은 저작권법에 의해 보호를 받는 저작물이므로 무단 전재와 무단 복제를 할 수 없습니다.

책값 뒤표지에 있습니다.
ISBN 978-89-6097-577-4 03230

규 | 장 | 수 | 칙

1. 기도로 기획하고 기도로 제작한다.
2. 오직 그리스도의 성품을 사모하는 독자가 원하고 필요로 하는 책만을 출판한다.
3. 한 활자 한 문장에 온 정성을 쏟는다.
4. 성실과 정확을 생명으로 삼고 일한다.
5. 긍정적이며 적극적인 신앙과 신행일치에의 안내자의 사명을 다한다.
6. 충고와 조언을 항상 감사로 경청한다.
7. 지상목표는 문서선교에 있다.

하나님을 사랑하는 자 곧 그의 뜻대로 부르심을 입은 자들에게는 모든 것이 合力하여 善을 이루느니라 (롬 8:28)

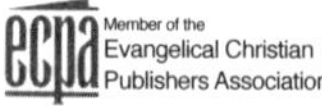

규장은 문서를 통해 복음전파와 신앙교육에 주력하는 국제적 출판사들의 협의체인 복음주의출판협회(E.C.P.A:Evangelical Christian Publishers Association)의 출판정신에 동참하는 회원(Associate Member)입니다.